个人信息安全与保护研究

熊 壮 著

中国书籍出版社
China Book Press

图书在版编目（CIP）数据

个人信息安全与保护研究 / 熊壮著. -- 北京 : 中国书籍出版社, 2023.10
ISBN 978-7-5068-9631-3

Ⅰ. ①个… Ⅱ. ①熊… Ⅲ. ①个人信息—信息安全—研究—中国②个人信息—法律保护—研究—中国 Ⅳ. ① G203 ② D923.74

中国国家版本馆 CIP 数据核字 (2023) 第 199172 号

个人信息安全与保护研究

熊 壮 著

责任编辑	成晓春
装帧设计	守正文化
责任印制	孙马飞　马　芝
出版发行	中国书籍出版社
地　　址	北京市丰台区三路居路 97 号（邮编：100073）
电　　话	(010) 52257143（总编室）(010) 52257140（发行部）
电子邮箱	eo@chinabp.com.cn
经　　销	全国新华书店
印　　刷	天津和萱印刷有限公司
开　　本	710 毫米 ×1000 毫米　1/16
字　　数	213 千字
印　　张	11.25
版　　次	2024 年 1 月第 1 版
印　　次	2024 年 1 月第 1 次印刷
书　　号	ISBN 978-7-5068-9631-3
定　　价	72.00 元

版权所有　翻印必究

前　言

信息时代的到来使人们的生活发生了翻天覆地的变化。一方面，人们乐于通过互联网体验购物、交流、分享生活的乐趣；另一方面，海量数据的生成，也给个人信息安全带来了风险。

保护个人信息安全已经成为各国的共识。全球许多国家积极寻找保护个人信息安全的途径，在个人信息安全与保护领域尝试法律适用、技术适用、管理适用、标准适用等策略和方式方法，试图建立一个科学、系统、能动、有效的个人信息安全保护机制。对于我国而言，面对汹涌而来的时代浪潮，我们更应理性思考个人信息安全与保护该何去何从。

本书共分为五个章节，第一章为个人信息安全与保护概述，主要就个人信息基本概念、个人信息安全与保护基本概念、个人信息安全与保护的必要性、我国个人信息安全与保护法律现状、主要国家个人信息保护立法现状展开论述；第二章为个人信息安全保护风险与挑战，主要围绕传统个人信息安全与保护框架的困境、数据跨境背景下个人信息安全保护的新挑战、我国个人信息安全保护理论和立法的发展与不足展开论述；第三章为个人信息安全保护外部管理措施，依次介绍了个人信息安全风险规制、个人信息安全技术规制、个人信息安全等级保护三个方面的内容；第四章为个人信息安全保护内部管理措施，依次介绍了信息安全个人风险管理、信息安全主动防范意识管理、信息安全平台应用隐患管理三个方面的内容；第五章为个人信息安全保护立法改革与实践，分为三部分内容，依次是个人信息安全与保护的标准、欧美信息安全与保护立法改革与实践。我国个人信息安全与保护的立法实践。

　　在撰写本书的过程中，作者得到了许多专家学者的帮助和指导，参考了大量的学术文献，在此表示真诚的感谢。但由于作者水平有限，书中难免会有疏漏之处，希望广大同行和读者及时指正。

熊 壮

2022 年 11 月

目 录

第一章 个人信息安全与保护概述 1
 第一节 个人信息概述 1
 第二节 个人信息安全与保护的基本概念 16
 第三节 个人信息安全与保护的必要性 22
 第四节 我国个人信息安全与保护法律现状 23
 第五节 主要国家个人信息保护立法现状 26

第二章 个人信息安全保护风险与挑战 32
 第一节 传统个人信息安全与保护框架的困境 32
 第二节 数据跨境背景下个人信息安全保护的新挑战 42
 第三节 我国个人信息安全保护理论发展与不足 52

第三章 个人信息安全保护外部管理措施 67
 第一节 个人信息安全风险规制 67
 第二节 个人信息安全技术规制 73
 第三节 个人信息安全等级保护 81

第四章 个人信息安全保护内部管理措施 85
 第一节 信息安全个人风险管理 85
 第二节 信息安全主动防范意识管理 92
 第三节 信息安全平台应用隐患管理 105

第五章　个人信息安全保护立法改革与实践 ·························· 117
第一节　个人信息安全与保护的标准 ···························· 117
第二节　欧美信息安全与保护立法改革与实践 ···················· 128
第三节　我国个人信息安全与保护的立法实践 ···················· 160

参考文献 ·· 173

第一章　个人信息安全与保护概述

随着信息处理方式逐步转向数字化，人们在享受信息技术高速发展所带来的便利生活之时，个人信息安全存在着风险。个人信息处理越来越多，矛盾也愈显突出。本章主要内容为个人信息安全与保护概述，分别介绍了个人信息概述、个人信息安全与保护的基本概念、个人信息安全与保护的必要性、我国个人信息安全与保护法律现状以及主要国家个人信息保护立法现状等内容。

第一节　个人信息概述

一、个人信息的概念界定

（一）个人信息的概念

"信息"和"数据"是情报学上的基础概念。通常理论认为，"数据"是对客观事物、事件的记录、描述，是可由人工或自动化手段加以处理的数字、文字、图像、声音等符号的集合。"信息"是客观世界中各种事物的状态和特征的反映，是与问题相关的数据，可以以文本、图形、图像、音频、视频等形式记录下来，能通过媒介进行传输。[①] 数据强调形式，而信息注重内容。

然而从法律意义上来看，个人信息和个人数据则并无大的区别。我国《网络安全法》等法律中习惯使用"个人信息"（personal information）表示，日本、加拿大、韩国等国家也通常使用"个人信息"。而欧盟、新加坡、印度、泰国等和地区立法则使用"个人数据"（personal data）加以表述。信息隐私（information privacy）则是美国法律上的概念。各国立法"个人信息""个人数据""信息隐私"

---

① 冯契. 哲学大辞典 [M]. 上海：上海辞书出版社，1992：1215.

用语的差异更多的是基于法律用语的历史沿袭和英文翻译上。各国在个人信息概念上的差异主要集中于相关立法在保护对象和范围上尚未有统一的标准，以及由此造成的各国个人信息保护范围之间的差异。姚岳绒就曾在其博士论文《宪法视野中的个人信息保护》中提出，个人信息与隐私保护两个概念只是欧美基于不同的法律文化和用语习惯导致的差异。因此，本书中将"个人信息""个人数据""信息隐私"放在同一范畴内加以讨论。

对"个人信息"的定义，各国在立法上正逐渐趋于一致。《通用数据保护条例》（GDPR）第4条对"个人数据"进行了界定，即任何有关被确定或可以被确定为自然人（数据主体）的资料；可识别的自然人包括自然人和非自然人，前者是指具有一定信息来源且可以在互联网上传播的人，后者则指不具有一定信息来源但能在互联网上传播并影响人们生活的人。可以辨认的自然人包括通过名称、身份证号、定位数据、网络标识符和具体的生理、心理、基因、精神状态、经济、文化等识别符，可以直接和间接地确定身份自然人。《2018年加利福尼亚州消费者隐私保护法》将"个人信息"定义为：能够直接或间接的识别、描述与特定的消费者或家庭相关或合理相关的信息，这些信息包括但不限于真实姓名、别名、邮政地址、唯一的个人标识符、在线标识符、互联网协议地址、电子邮件地址、生物信息、商业信息、地理位置数据以及教育信息等。我国《网络安全法》也对"个人信息"作出界定，主要指通过电子或其他手段记录，可独立或结合其他资料确定自然人个人身份的所有资料，包括但不仅限于自然人名称、出生日期、身份证件编号、个人的生物识别信息、地址、电话号码等。可以看出，各国立法对"个人信息"的定义普遍采取了"身份识别"这一标准，包括了直接识别和间接识别两种，同时通过列举方式对识别性的含义加以明确。这种界定方式大大扩展了"个人信息"的范围，并且大数据所具有的数据挖掘与分析能力又进一步加强了"可识别性"。"个人信息"保护范围所带来的巨大不确定性是个人信息保护目前所面临的一个重要问题。

（二）个人隐私与个人信息

个人隐私，一般是指人们在日常生活中不愿为别人所知或披露的机密，这些秘密被披露后，有可能给自身带来伤害。至于是否属于个人隐私，其评判焦点在于观察人们是否乐于被别人知道，以及这类资料与他人及社会的利益有无关系。个人隐私一般不涉及他人，不会对社会造成伤害。

个人隐私和个人信息是一对密切相关，且极容易被混为一谈的概念。个人隐私和个人信息之间尽管有很多交集，但是严格来说，这二者完全不同。第一，二者属于不同类别，个人隐私属于个人信息的广义范畴，而本书中所论述的个人信息，属于狭义个人信息的范围。第二，是否可以记录下来，是区分个人隐私和个人信息的一个重要尺度，与个人隐私有关的内容可记录在案，亦可不录，但是必须要对个人信息进行记载。另外，个人信息是客观因素的具体体现，而且个人隐私更多地反映在主观因素上。

个人隐私关系到个人信息安全。个人隐私私密性强，本书中提到的个人信息安全保护，包括个人隐私保护等相关内容。与个人隐私相比，个人信息安全保护主要对可记录的个人信息进行保护。

二、个人信息的形态

事物是以固定的形态存在，不论是空间状态还是主观状态。信息同样也具有形态，它是以文字、数据、声音、图形、图像等形式记录的形态。

（一）个人信息的主体

个人信息是以自然人为基本属性而展开的自然情况、家庭关系和社会背景等方面的内容，主要涉及生命、肉体、健康、声誉、荣誉、肖像、隐私和自由等，由精神和其他人格要素组成，它主要表现为人格要素在空间上的生存与记录。

第一，生物特征是个人信息的主要特征，主要表现为自然人在空间上的存在形式。自然人作为一个生命体，它的生物信息包括脸部、身体、指纹、手纹、虹膜、语音、DNA等等，形成自然人的基本形态。

当采集头发、血液、唾液、皮肤等任一处人体细胞，记录自然人的生物遗传特征时，自然形成了自然人在社会生存空间中的基本形态。

第二，自然人是基于自然规律出生并具有民事权利和义务，即被法律赋予民事主体资格,是法理意义的民事主体。在社会实践中,作为社会一员构成基本的社会形态。它记载了以自然人基本特征为依据所展开的自然情况、家庭关系和社会背景等内容,其中涉及健康、声誉、荣誉、画像、隐私、自由、精神、社会活动等方面。

对自然人主体个人信息进行直接认定或者间接认定主要涉及以下内容:

第一,自然人所具有的基本特征,如姓名、性别、出生年月日、血型、生理特征、健康状况、身高、居住地址、职业、学历、标志等符号(身份证号码、社会保险号等)。

第二,敏感的个人信息形式。敏感的个人信息是一些特殊的人格要素,是自然人具有的特殊的隐私,如身体障碍、精神障碍、犯罪史及相关可能造成社会歧视的信息健康、医疗及性生活等相关信息可以勾勒出自然人隐秘的意识形态。

可以看出,虽然存在各种形态的个人信息,但其内容均与自然人的基本特征相关。各种形态的个人信息,存在于各种业务流程、各类社会形态的管理活动、与社会及各色人等的接触中。

个人信息可以被感知,是客观的、依附于个人信息主体的存在。但是,割裂人格要素间的关联,零散、琐碎的信息不能映射真实的个人信息形态,必须获得可唯一识别个人信息主体的元素。因而,个人信息是无形的。

记录个人信息的形式,可以采用常用的数学运算,如编辑、修改、删除、更新、排序、插入等方式改变,但所描绘的自然人的基本形态不会改变。与信息一样,记录个人信息形态的基本形式包括:

文字:书写的语言,以纸媒介保存的个人信息,可以用手书写,也可以机器印刷、计算机打印。用文字描述自然人的基本形态。

数据:可以是数字、字符、符号等。它是客观事物的属性及相互关系和关联因素的抽象表示,适于自动或非自动的方式保存、传递和处理。如文字、声音、图像在计算机里被简化成"0"和"1"时,它们便成了数据。

声音:作为一种物理现象,声音是由物体的振动产生的。基于声音产生和传播的原理,声音是人体器官能直接感受和理解的一种记录信息的类型,并辅之以相应的录制工具。

图像：是基于各种观测系统以不同形式和手段观测客观世界获得的形态，并直接或间接作用于人眼，进而产生视知觉的实体。人的视觉系统是观测系统，通过它得到的图像就是客观事物在人的意识中形成的空间形态。

文字、数据、声音和图像可以相互转化，数据是基本载体。在自动处理中，文字、声音、图像均可以数字化。

（二）个人信息的基本形态

个人信息的基本形态，包括以下几个方面：

1. 识别因子

就识别型个人信息而言，个人信息主体是唯一确定的要素，可称为识别因子。识别因子主要有两种类型：第一，可直接识别。识别因子具有唯一性，个人信息的主体可被直接认定。第二，可以间接识别，即通过多个元素构成复合识别因子，间接的唯一识别个人信息主体。如姓名，在中华文化中不是唯一的，重名重姓比较常见，因此则需要与其他元素，如出生日期等组合成复合识别因子，间接确认个人信息主体。识别因子的判断，存在逻辑子集，即"真"或"假"、"是"与"否"、"存在"与"不存在"等。

2. 可运算

依据个人信息构成中数据元素的逻辑关系，可以实施运算。常用的数据运算包括：编辑、检索、修改、删除、更新、排序、插入等。如在个人信息数据库管理中，可以依据一定的规则，采用各种排序方法，组合数据库中保存的个人信息

3. 互关联

在个人信息构成中，各个数据元素之间的逻辑关系是相互关联、相互依存的。识别因子与参照元素之间相互关联和依存，所有参照元素依附于识别因子，存在相互关联的逻辑关系。

当个人信息处于原始状态，没有被收集、处理、使用时，是个人隐私，其基本形态是静止的，仅依从自然人身体、生理、精神、社会等方面的改变而变化；当个人信息被收集、处理、使用时，由于目的、范围、方式、方法的不同，使个人信息的表现形式和存在方式出现差异，因此其形态表现为多样态变化。

三、个人信息的特征

根据上述个人信息的介绍，我们提炼出个人信息的如下几个特征。

（一）主体唯一性

在西方的法律条文中，"Subject"是哲学名词，强调人是事物的主宰。依据其语境，可以翻译为"主体"。自然人是个人信息的主体，体现了鲜明的社会性，可以参与社会实践活动。自然人通过社会实践活动所感知到的涉及个人隐私的个人信息资料进行处理、甄别、整理和转化，渐渐地感知与个体紧密相关的、不公开的资料，就是个人隐私。依据这些信息可直接定位于特定的主体，因而，一般关系到个人的隐私和人格的内容，是不希望他人进行干涉或介入的。

从民法角度，主体是享受权利和负担义务的公民（自然人）。在欧盟颁布的《个人数据保护指令》中，将个人信息的主体定义为自然人。

自然人依据自然规律而产生，享有民事权利能力。第一，立足自然规律诞生，有生物学意义，也有法理人格；第二，具有法律授予的民事主体资格。人类是以生命体的形式生存的，就是人类自然属性，在法理意义上成为民事主体，就是人类的社会属性与法律属性。

自然人和公民是两个内涵和外延截然不同的概念。公民为一国国籍的自然人，而自然人并不仅指一个国家的国民，而是还包括他国的国民或无国籍国民，它的外延更为广泛。

自然人享有民事主体资格，也就是具备独立的人格，既有民事权利，也有民事义务，拥有相应的人格权。人格权就是为了保障人格主体本身独立的人格利益而必须享有的生命健康、人格尊严、人身自由和个人隐私、个人信息等权利和其他各项权利。

我们讨论的是法学意义上的人格，是"人可以作为权利、义务的主体的资格"（《辞海》释义），是个体社会化的结果。因此，人格的本质是人的社会性。个人名誉、荣誉、肖像、个人隐私、精神自由等是以人的社会活动和实践为核心的人格利益。

人格决定人格权，实现和维护自然人的独立人格，是人格权存在的基础。人格利益则是人格权的客体。自然人是个人信息的主体，享有独立的人格利益必需的权利和义务。个人信息主体人格的实现需要对个体自由、尊严及价值的尊重以及对个体发展与完善的促进。

自然人的人格权表现为纯人身依附性，不得转让、继承，从而使个人信息主体具有自然人属性，确定个人信息主体的唯一性，是依靠附着在主体上的性质而存在的。自然人属性所具有的人格利益，也只有主体才能唯一拥有。

传统人格权由物质性人格权与精神性人格权构成。人格权在现代社会中得到了发展，体现了人格利益商品化、多元化的特征，并构成了经济性人格权，也可以称之为商事人格权。随着社会的进步、科学技术的迅猛发展，尤其是信息技术的蓬勃发展，人格利益又体现出多重价值，既有商业价值又有经济利益，因此必须推动人格权保障从消极向能动转变，积极追求人格权的控制，以适应信息时代网络隐私权的特点。

权利和义务是对立统一的，没有无义务的权利。那么人格权的义务主要包括三个方面：

（1）国家有保护自然人人格权的义务。人格权是自然人的基本权利，国家有尊重和保护的义务，使自然人的基本权利得以实现。

（2）自然人在维护自身人格权的同时，也有义务接受法律允许的监督、审查等。自觉遵守国家的法律和制度，也是人格权的基本义务。

（3）自然人有义务尊重和保护他人的人格权。人格权是绝对的，不能随意侵害他人的人格权。自然人约定个人信息可用作数据收集、加工和利用的情况下，进一步突出了他们所拥有的人格权，以及法律所赋予的义务等主体身份，突出主体权利的唯一性。

个人信息的主体不同于个人信息管理者。个人信息管理者具有正当性和目的性，能够在个人信息主体的明确约定下进行采集、利用和处理用户个人信息，但是没有权利进行转移，因此该个人信息的性质并没有发生变化。

个人作为个人信息的主体占有是其最主要的特征，也是保障个人信息安全最重要的前提条件。

（二）主体可识别性

个人信息具有可识别性，具体来讲就是能够根据个人信息的形式，通过判断可以明确个人信息的主体。在个人信息中，可识别性具有非常重要的意义，是厘清个人信息内容与类别的客观标准。

1. 个人信息的属性

自然人的诞生，建立在自然规律之上，既有生物学意义，又有法理上的个性；并且由法律授予其民事主体资格，不仅具有人类社会属性，还具有法律属性。所以，自然人的基本属性构成了个人信息的基本内容。

参考自然人的界定，个人信息也包含着不同的性质。自然人的个人信息，主要是指个人的自然情况，有关个人的社会背景、家庭基本情况等。个人信息有两种性质：

一是自然人（个人信息主体）的自然属性和自然关系的继承性。自然人是以生命体的形式存在的，它所拥有的生物信息包括指纹、手纹、虹膜、语音、面部、DNA，以及他们之间的人伦关系，体现了人类的自然属性。这些生物信息构成了自然人最基本的特征，是构成个人信息最根本的要素。生物特征与生俱来、具有一定的独特性，生物特征外在形式信息化加工，使得生物信息被大量使用。自然人具有自然属性，导致人们的生物信息呈现出鲜明的法律特征。比如收集头发、唾液、血液、皮肤和其他任何地方的人体细胞，采用 DNA 检测技术，便可对自然人生物遗传特征进行记录，还可以以此来确定具体个体。收集、加工过程，存在着对应的法律关系。生物信息具有唯一性、不变性等特点，确保个人信息主体可辨认就是个人信息最根本的性质。

二是自然人（个人信息主体）人格特征的体现。自然人是法理意义的民事主体，具有独立的人格，其本质是人的社会属性和法律属性。人格特征反映了自然人在社会活动和实践中的社会地位、社会关系和所扮演的角色。社会属性是基于自然属性形成的，是人作为社会当中的一员所具有的形态和特征。自然人人格作为一个社会个体，其社会属性除了先天遗传因素以外，确切来说是在人们的相互影响、相互制约下逐步形成的。法律属性则是自然人基于法理意义的民事主体所应有的权利和义务。作为社会的个体，自然人人格的法律属性，即自然人的主体资格与应当享有的民事权利，以及所应担负的法律义务。

体现人格特征的个人信息，主要是以个人基本特征为依据而展开的自然情况、家庭关系、社会背景和个人名誉、荣誉、肖像、个人隐私、精神自由等。它还包括保存在社会活动各公共领域内的多种资料，例如，户政信息、医疗信息、纳税信息等。

社会属性与法律属性构成人格特征的实质，在社会的实践活动中，可表现为多种形态。属性之间存在着紧密的联系。自然属性为社会属性提供了依据，但也依存于社会存在，而且无论是社会活动，还是社会实践都是如此。因而，个人信息的属性是相互制约又相互依存的。

2. 直接识别和间接识别

识别是国际私法中的一项法律制度，是借助所掌握的知识，对客观存在的事实进行分析判断、归纳推理，揭示其本质和规律的过程。

在国际私法案件中，依据不同国家的法律观念和法律概念，对案件事实定性或归类，会产生不同的处理结果。德国法学家卡恩（Kahn）和法国法学家巴丁（Batin）分别于1891年和1897年提出了"识别问题"，其基本功能是根据特定的案件内容确定法律适用问题。

在人类的思维活动中，识别是普遍存在的现象。在识别型个人信息定义中，个人信息实践的本质是个人信息主体的识别。前面已经提到自然人（个人信息主体）的社会属性。作为一个社会个体，它的社会属性形成于人们的相互影响、相互制约之中。从功能与约束上看，形成了一种错综复杂的社会关系。确定个人信息主体，就是为了确保个人信息安全，调节各类社会关系中个人信息使用的必要策略与方法；是依据个人信息的基本形态，进行分析判断、归纳推理，以揭示个人信息的属性。

就个人信息安全而言，识别是对个人信息主体进行确认的逆向认知过程，即先确定已知个人信息的基本形态，再通过基本形态映射的内容和属性识别主体。在这个过程中，不仅仅确认个人信息的主体，而是同时也包含两个相互依存的关系。

（1）个人信息使用目的识别。对个人信息主体进行认定时，应当明确个人信息的利用，处置目的；厘清有关法律意义，主要包括个人信息的使用范围等。

（2）个人信息完整性识别。当个人信息主体被确定后，要证实个人信息资料真实、完整、准确，以个人信息的使用目的与法律规范相一致为前提，确保个人信息主体享有人格权，确保主体唯一性。

就个人信息安全而言，个人信息主体是识别的主要对象，是基于事实的识别。如前所述，识别过程包含两个相互依存的关系，因而，识别的意义在于确认个人信息主体的权利和义务。依据基本形态的识别，是识别的手段和方法，是识别的最终目的，还是明确个人信息主体的人格利益和法律制约。

个人信息主体的识别，分为直接识别和间接识别两类：

（1）直接识别：可基于识别因子，对个人信息主体进行直接识别。个人信息包括自然人个人生物信息（生理的、心理的）、社会信息、经济信息、家庭信息等。从这些个人信息来看，从客观事实出发，能够澄清同客观存在的联系，也就是直接认定个人信息和个人信息主体。例如，生物信息、肖像、姓名、身份证号码等，个人信息主体可通过感官（如听觉、视觉、嗅觉等）直接识别。

（2）间接识别：可基于复合识别因子认定个人信息主体。就个人信息资料而言，部分个人信息在独立使用的情况下，不能清晰地确定个人信息的主体，但是有多种方式可供利用，结合多种复合识别因子进行对照、参照、评判、分析和测定。

3. 主体的价值取向

个人信息所具有的性质决定其是一种宝贵资源。由于个人信息的可识别特性，能够十分便捷地了解个人信息主体个人偏好、生活习惯、个人需求等，这就产生了获取盈利的可能性。

个人信息主体价值取向表现为个人信息主体人格利益，这是个人信息的显著特点。

（1）自然人的人格利益

自然人就是依据自然规律而诞生的生命体，既有生物学意义，又有法理上的个性，享有保障人格主体独立人格利益不可缺少的生命健康、人格尊严、人身自由、个人隐私、个人信息和其他人格权。

人格利益为人格权的对象，也就是自然人天生就具有人身权益，是离不开民事主体的自然人。自然人人格利益包括生命、身体、健康、姓名、声誉、荣誉、肖像、个人隐私、人身自由等作为人类必不可少的人格要素，构成了传统人格权理论，而且更加注重人格利益精神权益保障。伴随着社会的进步、市场经济的发展，尤其是科技的发展，人格利益更具直接的商业价值与经济利益，其中体现了人格利益商品化、多元化的特征。

自然人人格中包含经济利益、具有商业价值的特定的人格利益兼具人格权属性和财产权属性，是自然人在现代社会经济活动中人格要素商品化、利益多元化在现实中的体现。现代社会的经济活动，社会经济需求强烈，导致商业机构为了追求市场价值和商业利益而最大限度地发挥人格要素财产价值，由此使得人格要素商品化地利用不可避免并且还会继续存在。

前面已经说过自然人人格权是纯人身依附性人格权，不得转让、继承，它所具有的人格利益，而且也只有主体才能唯一占有。但构成人格利益的人格要素在拥有财产权属性之后，在商业化使用过程中，其无形的物质性财产权益，可通过经济利益的形式体现。例如，姓名作为自然人人格要素，不可转让。但在经济活动中使用名字，比如使用许可和信用投资等，就会具有价值，既可转让，也可继承。

人格利益的人身依附性，使人格要素的财产权属性与权利主体紧密相连，以主体的人格为存在基础。因此，人格要素的商业化转让，不发生权利主体的权利转让，人格利益仍由主体唯一拥有，只在主体授权许可的范围内，发生人格要素的使用权中转让。

个人信息体现了人格利益，人格要素是个人信息形成的要素。所以个人信息存在着无形财产权益，而且具有一定的商业价值。发掘个人信息商业价值，显示了现代经济社会人格利益的价值特点。

（2）虚拟空间的人格利益

科学技术在更新换代，信息技术也在飞速发展，计算机网络系统为人类建立庞大的虚拟空间提供了技术支撑。在这一空间里，任何人均可通过实名（现实生活自然人）或者匿名（现实生活没有，只有网络虚拟世界）的形式进行在线活动。

虚拟空间扩展了人的生存活动，在虚拟空间活动中，权利主体被逐渐地虚拟化。个人网络行为与活动、个人网站、电子商务活动、电子游戏活动在虚拟空间中生成独特的个人信息，并且个人的基本信息可以很方便地被监测、采集和使用。

在虚拟空间中，自然人主体在网际交往中虚拟化，成为虚拟主体。虚拟主体具有双重性：虚拟空间的虚拟属性和自然人属性，虚拟属性的实质是自然人属性。虚拟的网络空间使网络的存在形式是无形的，虚拟主体可以以各种形式参与网络活动。但虚拟主体的网络行为，是虚拟主体背后真实的自然人的真实行为的体现，它反映了自然人的意识、意志。虚拟主体的虚拟个人信息，是自然人意志的体现。如虚拟网名，是自然人专有的虚拟主体身份，可以根据自然人的意愿更换或转让。虚拟主体与真实的自然人是不能割裂的。因此，虚拟主体仍可以体现出自然人的人格权益。

如前所述，自然人的人格权的客体是自然人的人格利益，由生命、身体、健康、姓名、名誉、荣誉、肖像、个人隐私、人身自由等人格要素构成，是自然人的基本利益。在虚拟空间中，虚拟主体人格权的客体是虚拟主体的人格利益和自然人的人格利益的重合。虚拟主体的人格利益是真实主体的人格利益在虚拟空间中的映射和延伸。虚拟客体的双重性，具有自我、自由、创新、独立的特征。

由于虚拟客体的双重性，虚拟主体的网络行为所产生的个人信息，如在网上购物中提交的个人信息资料，可能对商家、经营者等产生经济利益，带来商业价值。因此，虚拟客体的人格要素具有财产权属性。但在虚拟空间中产生的个人信息，是一种无形财产，也不存在权利主体的有形占有，而且它依附于权利主体，其权利是不可转让的。虚拟空间中，虚拟主体的个人信息是真实的自然人人格利益的体现，其商业价值的挖掘，同样是现代经济社会人格利益价值特征的展现。

四、个人信息的产生和收集

信息技术的运用使原本个人信息转化为计算机所理解的"数据"语言，从而使个人信息数字化呈现成为可能。

（一）个人信息产生

个人信息生成过程，涉及个人信息的生成或创造，它生成的数据类型包括标表型数据、行为数据等。标表型数据为自然人存在状态，无须个人行为。具体来说就是标表型数据并非由个体自觉地创建，而是自然人在社会上生存的外部名片，由直接标表型数据与间接标表型数据两部分组成。直接标表型的数据有肖像、名字和性别；间接标表型数据有个性、爱好、家庭住址和电话号码。标表型数据生成形式明显，在此就不多说了。但行为数据生成复杂，通常在符合下列两方面的因素时方可生成。

1. 数据被记录

行为数据是自然人在行为过程中所生成的信息，比如每一次用手机和计算机设备生成数据就属于行为数据，具体来讲主要涉及设备型号、所用网络、下载申请的目的、用户地点等。在对资料进行解读之后，有的是通过个性定制广告等形式向用户反馈，有些是为了优化设备、优化网络功能、排查网络故障，也有的是为了留待以后分析数据。从理论层面上讲，一切在线点击、浏览、暂停、评论、聊天这样的行为，都会产生数据。个人信息生产中数据的主体、处理者和接收者之间存在着紧密的关系。数据主体向数据处理者或接收者报送个人信息，数据处理者对个人信息进行录制或采集。在此过程中，用户所提交的个人信息与数据处理者所记录的个人信息之间的归属关系，就要涉及法律问题。另外，数据主体报送资料的目的以及数据处理者的记录目的、方式、范围等还会引起法律问题。

2. 网络实名制

网络实名制使网上行为和个人之间建立了联系。将数据转化为个人信息。在网络社交、商务活动中法律并没有强制要求数据主体实名上网，由此看来，网络应当赋予数据主体隐匿的权利，使个体享有最大程度的表达自由权利与行为自由权利。美国普通法规定了数据主体的隐匿权。虽然美国法院每年都会审理多起网络侵权案件，均是因为数据主体利用匿名、假名的方式或者提供身份信息不全等行为造成的，但美国法院还是让人们在网上生活中匿名。出于一些特殊原因，数据主体真实身份信息只有借助ISP才能获得，要到法院去提出申请，经过审批，有了传票，就可以调取主体的真实信息。但是，法院对同类案件的审理会关注匿名表达权的保护。再比如以色列一名医生让运营商为他提供匿名博客作者的真实身份，究其原因，是因为博客上有一篇诽谤性文章对这名医生进行了抨击，由此使得医生向法院提起诉讼，然而，法院认为匿名表达权应受到重点保护，因为这是宪法所赋予他们的权利。从2005年韩国推行实名制上网，许多国家也相继推行了这一制度。为了预防未成年人上网成瘾，2012年，我国公安机关规定网吧必须推行上网实名制，但当前规定全民实名上网的制度还未实施。

（二）个人信息的收集

个人信息生成过程和个人信息采集过程并非泾渭分明，而是常常相互交织在一起的。个人信息收集，即对自然人进行数据采集，建立个人信息档案等。个人信息的收集方式，一种是计算机自动化采集，另一种则是带有主观目的的采集行为。目的是数据处理者进行采集行为的动因。搜集个人信息的典型行为主要有行政机关依照法定程序和职责采集居民信息、学校规定学生必须建立电子档案等。在个人信息的采集、记录环节中，对于所采集个人信息的范围、采集的用途、采集的必要性和其他资料，数据处理者可以告知数据主体，也可以不告知，其结果能够影响数据主体和数据处理者之间的法律关系和权利类型，严重时还会带来一系列的冲突。确定采集和利用的目的是非常重要的，有助于让数据主体独立确定数据是否对外提供。在收集资料这一环节中，极易出现未征得数据主体的同意而进行采集的情况。

通常情况下，公私领域都是如此。个人信息收集方式在本质上是有区别的，这就导致个人信息加工法律关系有所不同。在公共领域，政府搜集个人信息有如下渠道与来源：登记、许可、调查、统计和听取意见。

（1）登记。登记形式较多，比如自然人诞生后，在公安机关登记户口，领取身份证件。身份证件是目前应用最普遍的一种识别自然人的文件。公安机关保留了大量的个人信息，包括自然人外部标志的表现型个人信息，也就是标表型的个人信息，比如姓名、性别、出生年月、照片、家庭住址、家庭成员信息、籍贯、血型、身高、身份证号码指纹及其他；民政部门的婚姻或离婚登记；个人待业时到社会保障机关办理的待业登记；税务系统通过计算机将税务机关收集到的原始

14

数据信息分类，并且采用国家统一的信息分类编码，个人主动到税务部门报备，申报的个人信息主要有纳税人姓名、税种等，不仅如此，法律还规定税务机关在履行一定的手续后可以查询纳税人的个人信息。

（2）许可。根据法律和法规的规定，个人、法人组织进行一定的活动或作出一定的行为，需政府机关行政许可，例如卫生许可证、公共场所营业许可、安全许可证和进出口货物许可证、药品生产和销售许可证等。私营企业主或法定代表人需将申请表递交政府机关，经政府机关复核，向符合法律法规规定的个人和法人组织发放许可证书。申请表上记载着私营企业主或法人代表的个人资料，其中包括名称、经营场所和健康状况。例如，申领互联网出版许可证和其他特定企业许可，还需要技术和管理人员的名单以及身份证、学历、职称、任职资格和其他个人信息。

（3）调查和统计。人口普查是各国进行的最大规模调查项目之一。从中华人民共和国成立至今，我国已先后开展过7次人口普查，建立了十年全国人口普查制度。除大规模人口普查项目之外，若市民、法人或其他组织出现行政、刑事、民事或其他领域的法律诉讼案件时，国家机关还将依法对公民进行调查，采集公民、法人或其他组织的资料。对于政府机关来说，为保证所制订的政策满足国民需要，为解决其他关系国计民生的大事，可采取统计调查的手段，这种手段在国家统计局、物价局、社会保障部等部门中比较常用，这些部门经常进行调查统计。

（4）听取意见。一般在行政决定之前，政府机关会根据法律的规定，听取社会公众的看法，并且会将其记录保存起来。听取意见的形式是多种多样的，常用的主要有座谈会、听证会等，这些意见建议对政府机关行政决定具有借鉴意义。听取意见取得个人信息，就是法律许可的一种途径。

就私人领域而言，商业企业搜集个人信息有如下渠道与来源。

（1）业务中取得。在业务上获取个人信息较为常见。在处理信贷业务时，由于个人信贷咨询服务的开展、办理信贷手续、办理信贷相关事务和提供该业务相关的其他业务，个人信息的采集势在必行；在网络购物中，为送货到家，平台和商家要采集个人的相关信息，包括姓名、手机、家庭地址等信息；为了准确地计算费用和利息，银行需保留消费者交易的明细账单、转账记录和消费记录。

（2）向用户索取。在激烈的市场竞争环境下，企业通常会通过免费为顾客提供产品或者服务来获取对方个人信息。比如，网站向用户提供免费邮件、各类免费交友账户等。互联网即时通信服务提供商已经成为免费获取大量用户群体的大赢家。

（3）用户自愿提供。根据个人爱好，许多用户会通过多种平台发布和上传个人信息，同时，这也是某些公司获得详尽个人信息的主要途径。一般商家都会采取产品赠送、礼品赠送等方式，或者通过活动促销等手段，使消费者自愿提供个人信息等。

（4）计算机技术自动收集。通过专业软件、数字认证、技术加密和其他方式向顾客提供银行、证券、保险、外汇买卖及其他特殊服务，更是商家获得客户信息的渠道，这些客户信息经过加工处理之后，会成为开发新市场业务的重要方法。

公私领域个人信息采集途径各异，展现出各自截然不同的个人信息特征：前者显然是强制性的，具有较高的真实性，采集涵盖的范围比较广泛，并且还兼具分散性强、透明度差、造价低的特点；后者通常是高度自愿的、真实性不高、收集渠道宽、费用高。而这主要是由政府机关作为采集主体这一特殊性造成的。政府机关通常是在国家强制力的背景下产生的，个体常常只能站在顺从的立场上而不能进行自我抉择；然而人们对于非政府机关所填写的个人信息，通常是有选择性的，可以仅提交其中一部分资料，也可以不使用特定产品而免于自身信息的暴露。

第二节 个人信息安全与保护的基本概念

一、安全与保护

安全和保护是一对孪生兄弟，安全是目的，保护是手段，当存在现实的或潜在的安全隐患时就需要采取相应的保护。

目的是依据环境、条件、需求等主观设定的行为结果，手段则是为实现目的，在对象性行为中，在主体与客体之间相应的资源的总和，是实现目的的方法和途径。

目的和手段相互关联和相互依存。目的的设定和实现，必定依赖相应的手段。与目的毫无关联，不能实际用于实现某种目的的手段，是毫无意义的。而目的如果没有手段来作为依托则是空泛的。目的推动手段的创新，手段的创新又推动目的的变革所以目的和手段是可以转化的。在一定的条件、时限、范围内，手段的创造可以转化为实现的目的；而已经实现的目的可以转化为新的目的手段。但是，仅仅以手段作为目标，将可能导致目标的异化，使手段失去效能，从而变得毫无意义。

安全是目的，是在行为过程中避免、消除、控制危险或危害的因素，从而保证行为主体的安全。在正确目的的导向下实现目的与手段的统一。

就个人信息安全而言，个人信息保护的目的在于手段（保护），主要对关系手段的法律适用、技术适用、管理适用、标准适用及其他策略与途径进行研究。个人信息安全则要以个人信息生态环境为基本框架，全面、统一、系统、科学地对个人信息这一复杂生态系统进行考察，研究其作用和影响，深入探讨关系个人信息生态的社会形态、环境因素、技术进步、安全失衡等安全策略、安全管理和安全机制等方面。

个人信息安全可以理解为保障个人信息资源安全，面向服务管理过程，建设比较稳定的、动态平衡的个人信息生态系统，确保系统积极、有序地进化，维护社会生态系统内个人信息主体的权益。个人信息生态系统与社会生态系统是相互关联的，个人信息安全是复杂系统特性与社会生态系统相互作用、相互影响的过程。

个人信息保护，关键在于在法规或者标准所制定的规则指导下，引导手段（目标）的实现。大量安全事件表明，注重制定规则，容易忽略规则的存在而使规则流于表面，比如：

（1）缺乏明确、清晰的目标，过程中大量的细节可能偏离规则的设定；

（2）规则理解的多样性，使过程中规则的应用效能弱化或过度；

（3）规则的缝隙或规则的缺失，滋生新的安全威胁；

（4）缺少规则修复机制。

个人信息保护规则的确立，是实现个人信息安全的一种手段。在个人信息安全目标下，基于个人信息生态系统，逐渐改进、完善、发展。

二、个人信息安全

（一）个人信息安全的概念

个人信息安全就是公民身份、财产和其他个人信息的安全，在所属类别方面，个人信息安全应该是信息安全的一个领域。信息安全不仅包含个人信息安全，还涉及网站信息安全、商业企业的机密安全等。在互联网技术迅猛发展的大环境下，个人信息的存储载体亦逐步呈现出多样化的特点。个人信息安全伴随着社会的进步、科技的发展而发展，尤其是在信息技术蓬勃发展的今天，已经逐步发展为新的支系。

关于个人信息安全问题的研究，涉及个人信息形态、特点、系统演化、社会学意义等方面，不仅如此，还关系着安全机制、安全技术、管理科学、安全评价等其他几个方向。

（二）个人信息安全的基本要素

个人信息安全的基本要素，包括：

（1）完整性，确保个人信息的采集、储存、管理、加工、利用、传递、交换及其他过程不得损坏。完整性主要有以下几个方面：一是识别因子是否完整。就个人信息而言，可以确定个人信息主体中的关键要素，可称之为识别因子。个人信息主体具有可辨认性，其识别因子是唯一的。二是参照元素是否齐全。就个人信息而言，识别因子以外的构成要素，可称为参照元素。参照元素可以间接确定个人信息的主体，由此看来，参照元素必须是齐全的。

（2）准确性，确保个人信息的采集、储存、管理、加工、利用、传递、交换及其他程序不得篡改，可精确鉴别、阐述个人信息主体。准确性主要有以下几个方面：一是流程上的保障。个人信息的采集、储存、管理、加工、使用、传递、交换及其他流程都要确保健全的质量管理，确保它的科学性。二是方法得当。个人信息的采集、储存、管理、加工、利用、传递、交换，也就是一定要确保方法是合理的，行之有效的。三是来源可靠。一定要确保个人信息来源的真实性和可靠性。

（3）时效性，个人信息保存期限一定要明确；一定要及时更新和维护个人信息的最新情况。

（4）不可抵赖性。这样可以确保与个人信息管理有关的行为负责、诚信。

（三）个人信息安全的基本特征

个人信息安全具有与信息安全类同的特性：

（1）全面性。在风险评估基础上，构架个人信息安全整体架构，全面、全方位建设个人信息安全管理体系。

（2）过程性。个人信息安全，体现在复杂的过程中。过程是依靠个人信息安全管理体系实现。

（3）动态性。随着社会进步、科技发展，特别是信息技术的发展，安全风险、安全威胁在动态变化，个人信息安全管理体系必须动态调整，适时改进、完善。

（4）多层次立体防护。个人信息安全的过程性和动态性，要求从管理、业务、环境、技术等多方面、深层次构建个人信息安全管理体系。

（5）相对性。个人信息安全同样是相对的，没有绝对的安全。

（四）个人信息安全内涵的衍化

1. 物理安全意义上的个人信息安全

从传统的角度来看，信息安全是一个技术术语。国际标准化组织（ISO）对信息安全作了界定，将其含义定义为信息的保密性、可用性与完整性。信息安全的目的是保证企业的成功与持续性，并把影响降到最低限度，涉及管理预防多种威胁所应采取的相应安全措施。美国国家安全系统委员会（Committee National Security Systems）发布的《2010年国家信息保障词汇表》（National Information Assurance Glossary 2010）将信息安全定义为保护信息和信息系统免受未经授权的访问、使用、披露、中断、修改或破坏，以保障其保密性、完整性和可用性。需要注意的是，美国国家安全系统委员会将数据安全定义为保护数据免受未经授权修改、破坏或披露，并要求参考信息安全的定义。国际标准化组织和美国国家安全系统委员会对信息安全的定义都是从技术视角出发，确保信息的保密性、完整性和可用性。

因此，从传统的狭义角度来看，所谓个人信息安全，就是组织对个人信息这一资产进行安全保护，也就是保证数据的完整性、保密性与可用性，避免出现数据泄露、损毁、篡改、丢失和其他安全事件，从而避免影响个人、组织、社会、国家的利益。

2. 大数据风险视角下的大安全观

随着信息技术的发展应用，数据在社会运行和政府管理中的价值越来越大，而这也催生了数据驱动新经济的产生。个人信息的安全性不再局限于物理范畴和确保信息系统的完整性、保密性和可用性，而是逐步扩展为大数据时代，如何控制商业活动和权力行使过程中个人信息利用带来的风险。

从法律政策视角来看，当前有关个人信息研究与政策讨论的议题早已超越了确保物理安全的层次，拓展至对个人权利与自由的保护。在个人信息汇聚成为战略性资源的层面上，个人信息安全甚至与数据主权与国家安全相结合，成为国家安全管控的内容。

大数据时代个人信息安全是指在大数据时代背景下，规制大数据等新兴技术滥用对个人信息安全造成的系统性风险。这类风险又可以分为三个层面：

一是个人隐私与安全风险。个人信息滥用行为危害到个人权益，包括人身、隐私、财产等合法权益。这是各国个人信息保护法规制的主要内容。

二是个人自主权风险。即公共和私营部门不受限制地利用大数据对个人行为实施全方位的监控，对个人的决策实施操纵和影响，危害人的自主性。这是各国宪法保障的基本权利层面的个人信息安全。

三是包含个人信息的数据主权与国家安全风险。数据已经成为国家战略性资源，大数据技术推动的个人信息在全球范围内的大规模汇聚与高速处理可能危害到国家在政治、经济、国防等领域的安全和利益。

三、个人信息保护

谈到个人信息保护的基本原则，首先需提及美国的信息公平实践原则。这是一套国际公认的解决个人信息隐私的原则，为国际上许多国家解决隐私与数据保护立法提供基本政策的指引。它最早起源于美国1973年政府咨询委员会有关个人数据自动处理系统发布的一份《记录、计算机与公民权利》报告。此报告分析了个人信息自动化系统可能引发的不良后果，建议建立信息采取的保障措施。这些措施也就是后来广为人知的"公平信息实践法则"，该法则也成为当今数据保护制度的奠基石。"公平信息实践法则"明确了对待个人信息所应采取的基本防护措施。这一法则规定，个人有权利了解别人搜集到什么和自己有关的资料、资料的利用方式（知情原则）、拒绝利用某些资料的权利（同意原则）、对不正确资料的纠正权（参与原则），以及搜集资料的机构和组织确保资料安全和资料可靠的责任（安全原则）。"公平信息实践法则"的这些要求成为1974年美国《隐私法》的基础。随着时间的推移，"公平信息实践法则"在各个国家与国际性组织推出的数据、隐私、个人信息保护的报告、规章、指南中得到进一步发展，并衍生出多个版本。

考虑到不同国家和国际组织所制定的个人信息保护基本原则核心内容是相互联系和基本统一的，作者将以影响范围最广、最有代表性的OECD《隐私保护与个人数据跨境流动指导方针》所确立的基本原则作为分析基础，阐明个人信息保护的基本原则。OECD主要确立了以下基本原则：

第一，限制收集的原则。要限制个人信息采集行为，任何资料的取得，均应以正当、公正的途径进行。在网络环境下，信息的收集可以采取匿名化、公开化等方式。如有需要，应告知信息主体或者征得其同意。

第二，信息质量原则。个人信息应与使用目的有关，信息应准确、完整，并且不断进行更新。

第三，目的特定原则。个人信息的收集目的在收集前就应明确，并且其后的使用仅限于实现这些目的。如果信息使用需要突破该目的范围则需要重新明确并说明变化了的目的，且新的目的应与原目的不矛盾。

第四，使用限制原则。超过目的范围的个人信息不应当被披露、提供或利用，除非经信息主体同意或法律另有规定。

第五，安全保障原则。对个人信息要采取合理安全保障措施，主要是为了防止信息丢失或擅自获取、破坏、利用、修正或公开风险。

第六，公开原则。应当有一个关于个人信息开发、应用与政策相关的一般且公开的规则，来提供方便的方式和方法确定个人信息的存在和属性、使用的主要目的及信息控制者的身份与住所等内容。

第七，个人参与原则。这是关于个人权利的规定，个人应当享有如下权利：

（1）查询权。从信息控制者或其他人处确认信息控制人是否保有与其相关的信息；

（2）获得通知的权利。通知应以个人容易理解的方式做出。

（3）异议权。如果依据上述（1）（2）项做出的请求遭到拒绝，则有权要求对方向其说明原因，并可以就该种拒绝表示质疑。

（4）更正权。对与其相关的数据质疑，如果该质疑成功，则有权对数据进行删除、更正、完善或补充。

第八，责任原则。这是关于信息控制者义务的规定。根据该规定，信息控制者有义务遵循根据以上原则所制定的规则来采取的必要措施。

第三节 个人信息安全与保护的必要性

当前，个人信息的立法保护已在全球范围内达成共识。国家为什么要从法律层面来保护个人信息，其关键理由是：一方面，个人信息拥有法律值得维护的权益；另一方面，个人信息又有被侵害滥用的风险。个人信息保护从理论层面上讲，形成基于人格权理论与隐私权理论的个人信息保护理论。从法律制度的层面上看，进行个人信息保护的分配，就是将个人信息权、人格权、隐私权和财产权进行分配。

在互联网飞速发展的今天，我们国家走信息化之路，已经取得了有目共睹的成绩。据2019年2月28日中国互联网络信息中心（CNNIC）发布的第43次《中国互联网络发展状况统计报告》显示，截至2018年12月，我国网民的规模达到8.29亿人，全年共增加网民5653万人次，互联网普及率59.6%。同时数字经济有了明显发展，腾讯研究院发布的《中国"互联网+"指数报告（2018）》指出，2017年，我国数字经济体量达到26.7万亿元，比2016年增长17.24%，且数字经济占国内生产总值的比重也由2016年的占比30.61%上升至2017年的占比32.28%[1]。数字经济对国民经济的推动作用稳步增强，但随之而来的，个人信息泄漏问题正逐渐成为一个无可争议的现实。恶意程序、各种欺诈案件数量不断增多，黑客攻击、大规模个人信息泄露等现象频繁发生，同时还伴随着各类网络攻击的大幅度上升，也带来了海量网民个人信息被泄露和财产损失日益加重的问题。据公开资料显示，人为的倒卖信息、电脑感染、网站漏洞、手机漏洞为当前个人信息泄露的4种主要方式。2022年9月11日，中国消费者协会发布的《APP个人信息泄露情况》显示，遭遇个人信息泄露的被调查者比例为85.2%[2]。这意味着信息化的发展正在给我们公民带来生活上的方便、推动数字经济蓬勃发展的同时，也给公民个人信息带来了真正的威胁。所以对个人信息的保护不仅仅是维护公民个人权利、增强幸福感的必然途径，更是推动国民经济发展必然的选择。发展经济需求与维护公民信息权利需求，成了个人信息维护的双重使命。这也说明个人信息保护工作的必要性。

第四节 我国个人信息安全与保护法律现状

个人信息保护已是当今社会的必然需求，世界上绝大部分国家都以本国立法的形式加强对个人信息的保护，这样有助于实现对自然人个人信息的保护，继而维护自然人权利的目标。我国亦不例外，历经20多年，我国个人信息保护立法已具雏形：涵盖了刑法、民法和行政法；由人大立法向部门规章扩散，还制定了行业标准；从网络个人信息、金融个人信息到消费者信息，再到医疗信息，体现

---

[1] 智库中国.中国互联网+指数报告（2018）[EB/OL].（2018-04-20）[2023-01-10].http：//www.china.com.cn/opinion/think/2018-04-20/content_50919825.htm.
[2] 中华人民共和国中央人民政府.中国互联网发展状况统计报告[EB/OL].（2022-09-01）[2023-01-10].http：//www.gov.cn/xinwen/2022-09-01/content_5707695.htm.

了全面性的特点。不难看出，在现阶段个人信息保护法中，尚无一部个人信息保护的专门法。而这一阶段现有立法以维护国家安全、公共安全、社会秩序等安全价值为重点。受这种思想支配，缺乏对公权力机关个人信息采集与利用的规制，个人信息权不能得到充分、有效地保护，权利和权力的结构不平衡。

一、个人信息的宪法保护

我国现行《宪法》第38条："中华人民共和国的公民的人格尊严不受侵犯。禁止用任何方法对公民进行侮辱、诽谤和诬告陷害。"其中"人格尊严"，从学理层面来分析，常被用来作为公民人格权之依据与学说。2004年《宪法修正案》增加了"国家尊重和保障人权"，为人格权提供宪法保障。尽管现行宪法并未对个人信息权的有关内容作出直接的规定，个人信息权的保护是建立在人格权的权利基础之上的，因此我们完全有理由进一步拓展宪法中人格权条款的含义。同时这也说明，从宪法的维度来看，我国的个人信息权具有正当性，我国进行个人信息保护的立法活动，是有法可循的，并与个人信息保护法所贯穿的个人信息保护相一致，有助于实现对公民权利的保护，实现人权保障这一价值诉求。

二、个人信息的刑法保护

自2009年以来，伴随着互联网在国内的推广使用，网络信息犯罪急剧上升，个人网络信息的保护日益凸显。2009年《刑法修正案（七）》与2015年《刑法修正案（九）》都对个人信息犯罪这一相关犯罪进行了特别规定，主要目的是保障网络社会的安全和个人信息的保护。

《刑法修正案（七）》增加了出售、非法提供公民个人信息罪以及非法获取公民个人信息罪。《刑法修正案（九）》对网络安全犯罪进行了较大修改与完善。第一，取消了出售、非法提供个人信息罪以及非法获取公民个人信息罪等，增加了侵犯公民个人信息罪的罪名。鉴于此罪，以《刑法修正案（七）》为主，犯罪主体范围进一步拓展，而且已经不局限于金融、电信、交通、教育和其他机构工作人员。对上述工作人员犯有侵犯公民个人信息罪的，从重处罚。在此基础上，修正案还新增了"拒绝履行信息网络安全管理义务罪"的内容。毫无疑问,这将给个人信息侵权问题带来更大威慑,从而有利于个人信息的保护,但与此同时,考虑到刑法的谦抑性,存在着过重打击犯罪的嫌疑。需要我们深思的是,国际流行的个人信息保护规则对个人信息的采集与提供,规定了利用例外与免责条款,而且这种解释也无特定例外规定,在实践中,企事业单位或其他主体的权益都有可能在苛刻的刑法适用解释下遭受侵害。

三、个人信息的民法保护

从长时期来看,我国民法关于个人信息保护的重点是《消费者权益保护法》《中华人民共和国民法典》(简称《民法典》)以及2021年出台的《中华人民共和国个人信息保护法》。《消费者权益保护法》首次在我国专门立法上对个人信息的保护进行了细致的规定,对消费者个人信息的保护作出直接规定。《民法典》第1034条至第1037条对个人信息的处理原则和条件、主体责任作了明确规定。最新出台的《中华人民共和国信息保护法》则从保护个人利益,规范个人信息处理活动,促进个人信息合理利用等内容作了详细的法律要求。

四、个人信息的其他法律保护

我国颁布的《网络安全法》第2条、第3条、第4条规定了网络个人信息的收集原则,第8条对侵权信息的删除权作出规定,第9条对受理举报信息部门负有处置义务,等等。《居民身份证法》最早采用了"个人信息"的概念,并且开始重视个人信息的保护问题。《护照法》于2006年4月制定,采用了同《居民身份证法》同样的条款,通过比较发现,《护照法》第12条第三款、第20条规定同《居民身份证法》一致。另外还颁布了《统计法》,该法于2009年进行修正,2010年通过的《社会保险法》第92条,2012年《出入境管理法》第85条,2013年《旅游法》第52条、86条获得通过的有关条款。还包括信息监管部门有关条款,比如工信部制定的《信息安全技术公共及商用服务信息系统个人信息保护指南》,该指南为国内首部个人信息保护国家标准。

第五节 主要国家个人信息保护立法现状

如今世界各国几乎都已经或者正在建立个人信息保护制度。尽管如此,个人信息的安全与保护依然存在很多不足。

一、欧盟个人信息保护立法现状与不足

近50年,个人信息保护立法运动已经成为世界上最为引人注目的一场立法运动。迄今为止,已有90多个国家制定了与个人信息保护相关的专门立法。

全球首部个人信息专项保护立法起源于1970年德国黑森州颁布的《黑森州数据法》,该法是在第二次世界大战之后颁布的。当时,联邦德国国家行政职权在很大程度上掌握在州政府手中,所以,至20世纪70年代初,各州政府均设立了各自的公民信息数据中心。黑森州于20世纪60年代采用"黑森计划",该方案旨在在各州设立个人信息数据库。在开发和执行该方案时,个人信息保密问题成了黑森州议会热议话题。由此,1970年全球首部个人信息保护法《黑森州数据法》出台。

全球首部全国性个人信息保护法为1973年《瑞典数据法》。该法案规定,要建立个人信息保护专门制度,没有得到机构的同意,任何人员不得私自对个人信息进行处理。瑞典是一个地少人多的国家,政府部门较早利用信息化手段收集个人信息。瑞典在20世纪40年代后期就有了完整的居民身份证号码系统。这一制度记载着公民的性别、出生年月和其他基本情况。自1963年以来,瑞典政府打算设立一项涵盖机动车注册信息、土地、人口、社会服务等领域的制度和警察档案数据库。瑞典政府于1968年开始在全国范围内进行800万人普查和登记。尽管当时收集此类信息的用途还相当有限,但是,这一方案仍引起广泛关注。舆论一般认为,这样大范围集中收集和存储个人信息活动,会使政府普遍监控公民行为,形成社会控制。1972年瑞典政府停止人口普查和注册,开始对个人信息保护法进行研究。在这种情况下1973年,瑞典颁布全球首部国家级个人信息保护法。

《世界报》在1974年3月披露了法国政府正在悄然实施的数据库计划。该

计划为每一个法国公民注册一个唯一的身份证号，这一身份证号将在政府公共事务管理方面使用。不仅如此，另一个数据库计划引起了广泛关注和争论。该方案由法国卫生部实施，目的则是减少和援助残疾儿童。在该方案的执行期间，法国卫生部已设立数据库，搜集有关新生儿童的全部医疗信息，在这个数据库中，每个孩子都被标以"残疾"或"健康"。这两个方案引起法国的热烈辩论。对此，法国人民进行了相关调查，分析了利用电脑和信息技术手段对待公民个人信息，会对人权保护产生的不利影响。基于这种情况，1978年法国颁布个人信息保护法，该法律规定，在处理个人信息时，不得伤害个人人格、身份和私生活等权利。

1995年，欧盟颁布了《欧洲议会和欧盟理事会1995年10月24日关于涉及个人信息处理有关的个人保护以及此类数据自由流动的指令》（以下简称欧盟1995年《数据保护指令》）。欧盟规定各成员国必须建立自己的数据保护法，国内数据保护法应包括这一指令的全部内容。这一指令发布之后，欧盟各国需要根据这一指令修改个人信息保护法。欧盟1995年《数据保护指令》的立法指导思想是立足于保护信息处理中的个人利益，重视信息的自由流动问题。这一指令在数据信息保护方面成为国际引领。这一指令介绍了信息处理的原则和理念，例如，目的限制原则、数据质量原则等。根据这一指令确立了欧盟内部统一的数据保护法律框架，从而推动欧盟成员国内部个人信息保护跨境政策对话和自由流动数据内部市场。

欧盟于2006年发布《欧洲议会和欧盟理事会2006年3月15日关于存留因提供公用电子通信服务或者公共通信网络而产生或处理的数据及修订第2002/58/EC号指令的第2006/24/EC号指令》（以下简称《欧盟数据留存指令》）。这项指令规定无线电通信企业必须保存包括呼入、呼出的电话号码数据，保存通话时长、IP地址、网络登入、退出时间和电子邮件事件详情。这些资料保留的时间应由成员国自行确定，最短不得少于半年，最长不超过24个月。这一指令是欧洲受非议最多的指令，指令颁布的最初目的在于防止和应对恐怖活动。尽管许多欧盟成员国一开始就拒绝把这一指令转化为国内法，但是大多数国家仍然从2008年起开始实施这一指令。

作为个人信息保护发源地，欧洲个人信息保护大致经历了以下几个发展阶段。第一个阶段，集中于20世纪70年代初。这一阶段个人信息保护立法宗旨并不集中在个人信息保护上，而是以满足信息控制者对个人信息处理的要求为重点，从而实现信息处理这一社会功能。尽管其中也反映了一些个人权利，但是追本溯源，立法本意并不在于个人信息权利的保护，而是将更好地满足信息控制者个体信息处理的需要为出发点。这在立法文字中运用到的相关概念的选取和定位中可见一斑。在这一阶段，立法措辞中采用了许多技术性较强的概念，比如资料文档、资料记录等，没有用到信息、隐私这样的概念。自20世纪70年代末，个人信息保护立法工作已经进入到发展过程中的第二个阶段。这一阶段立法者在立法理念上开始发生变化，立法重点转向个人信息权利的保障。然而，在这个阶段，维护信息主体的信息权利，仅仅具有宣示的意义。信息主体几乎没有机会真正地参与其信息加工活动，而且更不能做到对个人信息的控制。进入到20世纪90年代，个人信息的保护就其发展过程而言，跨入第三阶段。这一阶段立法工作围绕第二阶段对个人信息保护的缺陷展开。立法是为了确保在信息处理的活动过程中，实现信息主体的个人权利，使信息主体所拥有的权利由字面上的宣示性权利变成行为上的权利。在这一阶段中，个体增强了其信息控制的权利，逐渐走向了制度化。步入20世纪90年代后期，个人信息在立法上得到了保护，并进入到第四个发展阶段。立法者在这一阶段意识到，信息主体在个人信息处理活动中居于不利位置，基于此，为了缩小信息主体和信息控制者、信息处理者之间的实力差距，立法机构在以下两个方面加大了立法力度：强化信息主体与信息控制者、信息处理者之间的相对关系；对于前两个阶段的发展，立法主张对个人权利得到强行法保护。在这一时期，部门个人信息保护规范得到了比较充分的发展。

当前，随着信息技术不断发展，许多和互联网有关的技术已经使得经济和社会的互动全球化。巨变给欧洲带来了以下两方面的法律问题。

首先是对广大欧洲国家而言，他们的法律有很古老的历史。例如德国民法典已颁布120多年，奥地利民法典的历史甚至可以追溯到18世纪。尽管欧盟出台了相关指令来应对信息技术的发展，但是，在指令制定的时代，许多信息技术如web.2.01等，许多设备如智能手机、亚马逊和各大社交网站和云计算服务商的服务尚未面世。这一传统的法律框架必然无法与技术的快速发展同步，信息技术的发展速度远远超过了法律和指令的发展速度。这几个方面的因素结合在一起，使得人们开始重新审视欧盟1995年《数据保护指令》是否能提供足够的个人信息的保护。

其次，尽管欧盟1995年《数据保护指令》因建立了信息处理的核心原则而受到普遍好评，但是其实施效果却遭到了质疑和非议。欧盟是由28个主权国组成的联盟，传统法律规则通常产生于一国主权之内，但是互联网在世界范围内无处不在，借助信息技术手段所进行的经济、社会活动中常常存在数据跨境问题。欧盟国内有关数据保护的指令无法对28个成员国产生直接的制约，它要求转化为国家内部的法律，以便能够在主权国家范围内生效。确定一个有待规范的议题，将其付诸实施，转化为国内法，常常需要4—5年的时间，立法周期太长。指令变成国内法生效之后，在立法前一阶段的探讨中，一些不可预料的新问题可能会再度产生，而在4—5年前，立法上认为值得规范的问题，可能会因为科技的进步，已经不再需要进行监管。

信息技术领域立法需与时俱进，加快立法节奏。鉴于目前欧盟立法存在缺陷，以及信息技术领域的快速变化，欧盟推动了《通用数据保护条例》的出台（2012年欧委会草案）。公民自由、司法和内政事务委员会（LIBE）在2013年10月21日公布了它的修订文本，欧洲议会还于2014年3月向社会发布了修改的文本，并于2016年4月14日才正式生效。欧洲议会表决通过讨论四年的《通用数据保护条例》，也于2018年5月25日起生效。

不得不提的是，新条例的存在形式已经发生变化，现在已经没有必要经国内立法的转化，在欧洲立法机构的同意下获得批准和实施，便可统一适用于全欧盟28个国家。欧盟预备用这种办法来规避立法周期太长这一弊端。新条例重点关注隐私默认设置问题、加强使用者的知情同意、拓展个人信息权的内涵、强化惩处力度和问责机制、加强监督和救济。这些条款可能让欧洲在完善个人信息保护标准的同时，还在一定程度上增加企业合规成本，从而不利于数据商业价值的发挥，使得欧洲成为安全但同时在发展B2C信息技术商业领域方面没有吸引力的地区，国际竞争优势不足。这种监管将推动欧洲国内企业对自身行为进行调整，使其能够更好地符合法律规定和要求,但是从国际对比层面上来看,将对企业发展产生负面影响。

二、美国个人信息保护立法现状与不足

美国个人信息保护构建的基础是隐私权,它在隐私保护方面立法零散,注重行业自律。行业自律的模式主要表现在以下几个方面:

第一,建议性的行业指引。多为个人信息保护自律组织开发,各参与机构的会员保证遵循行业指导性原则。例如,美国隐私在线联盟,这是一个产业联盟,是在1998年建立的,并在当年的6月份正式发布了《在线隐私指引》。联盟成员在线收集用户个人信息,需要符合本指引的规定。美国隐私在线联盟对这一指引的贯彻执行没有任何监督,对于违反这一指引的情况也没有任何制裁。

第二,网络隐私认证计划。这种模式是非官方机构开发的自律认证模式之一。认证计划采用向符合个人信息保护对应标准的组织发放隐私认证的方式,督促有关机构强化个人信息保护。TRUSTe就是其中比较知名的一个网络认证组织,其认证项目主要包括两个方面:一般网络隐私项目要求和特殊认证项目要求。作为独立的非营利组织,TRUSTe组织的一般网络隐私项目,要求所有认证会员网站提供隐私声明,能够为消费者提供对其信息的控制权,具备相关的安全措施,并且配置出争议纠纷投诉的解决程序。而且特别认证中也有儿童隐私认证项目、欧盟安全港认证项目及电子邮件隐私。这种网络隐私保护认证组织所能给的最大惩罚就是撤销认证。

美国对行业自律模式的依赖,正是由传统的自由政策、迅猛发展的网络技术、冗长烦琐的立法程序以及业已成型的利益分配格局等因素决定的。在当今信息技术飞速发展的时代,尽管美国能够根据各产业的不同而各有特色,有的放矢,收集、加工不同产业信息以及利用行为进行规制,然而,行业自律模式在以下几个方面还存在着明显缺陷。主要表现在:

一是强制力不足。行业自律规范通常没有健全的纠纷解决程序,它的投诉和争端解决机制还不够健全。在出现纠纷的情况下,行业自律规范很难作为裁判依据在司法裁判中被直接援引。

二是缺乏普遍性。行业自律以企业自愿参加为前提。以美国在线隐私联盟为例来分析，它的会员曾经最多超过80多家公司和组织，目前已减少到30余家。尽管这些公司和协会组织都是世界顶级的互联网公司，但是与数以千计的公司相比，就普遍性而言，还明显不够，并且多数企业还游离在自律规范的边缘。

三是合法性质疑。行业设定的自律规范倾向于突出行业在个人信息方面拥有的财产利益，多数行业和机构倾向于将其收集、加工、使用的信息资源作为自身的财产，它们有权以其认为恰当的方式对信息进行处理。而个人信息财产权和机构团体信息财产权显然是背道而驰的。

四是收效甚微。美国依赖的行业自律模式，并没有建构良好的个人信息保护环境。许多公司在隐私治理和实施安全防范措施上有很多缺陷。美国行业自律模式曾经遭到欧盟1995年《数据保护指令》提出的挑战。欧盟《数据保护指令》提出了凡是同欧盟有贸易往来的国家，为了保护欧盟国民个人信息，这些国家必须满足欧盟所确定的"充分性"要求，这样欧盟境内的个人信息才能传输到该国境内。美国政府是在潜在的中断数据传输所造成的对美欧贸易冲击的压力下，适时引入了"安全港的原则"，以此来弥补行业自律的缺失，使与欧盟有经济往来，且关系信息储存、处理的美国企业，在数据保护上能符合欧盟1995年度《数据保护指令》的保护标准。可"安全港协议"于2015年10月6日经欧洲法院宣告无效。

总体而言，欧洲国家在个人信息保护方面倾向于采取自上而下严格的立法方式，限制个人信息利用。欧盟认为，保护个人信息是一种凌驾于其他权利之上的基本权利。美国隐私法的焦点在于矫正对消费者隐私造成侵犯的行为，寻找隐私保护和有效率商业交易的平衡点，通过对金融、医疗、信用体系等具体方面执行特别规则，以控制侵犯隐私的行为。在美国，涉及隐私保护范围的"个人身份的可识别信息"定义比较狭窄。实际上美国在信息隐私保护问题上存在着立法零散、缺乏整体规划、依赖行业自律的问题，并且几乎没有一条规则可以应用到整个信息保护领域。虽然其中有很多缺陷，但是，这也给产品和服务的创新预留了较大空间。

第二章 个人信息安全保护风险与挑战

对于个人信息安全风险与挑战，本章从传统个人信息安全与保护框架的困境、数据跨境背景下个人信息安全保护的新挑战、我国个人信息安全保护理论发展与不足三个小节来论述。

第一节 传统个人信息安全与保护框架的困境

一、个人信息保护的边界模糊

在个人信息保护层面，"个人身份可识别信息"的本质依旧具有关键影响。对个人信息保护方面的核心概念下定义，存在着各种挑战，主要总结为以下四个问题：第一，不少人对于网络的匿名问题存在歧义。在一些人看来，他们一直保持匿名状态，因为在使用网络的过程中他们暴露过自己的真实姓名。然而，静态IP的普及与推广，在电脑与互联网连接的状态下，其地址就是能够辨认的。第二，一些信息开始与"个人身份可识别信息"无关，但是后期会逐渐转变为"个人身份可识别信息"。例如，科技的进步可以把营销人员收集的各种"个人身份可识别信息"进行融合并交叉验证，这样很可能将信息与个人联系到一起。第三，信息技术的快速发展，会改变"个人身份可识别信息"同"非个人身份可识别信息"的划分方式。第四，区别两种信息时，需要充分考虑实际情况。下面对"个人身份可识别信息"存在的四大难题进行具体分析。

（一）身份的可追踪

所谓的"匿名幻想"，指的是如果在上网的过程中，不使用自己的真实姓名，以及在社交网站发表相关评论时，不显示可以识别自己身份的信息，一些人就认为他们在互联网上的行为处于匿名状态,别人也不会知道自己的真实身份。在不了解真实的情况下,人们好像可以隐藏身份,进行一些"匿名"的事情。然而实际情况只是一种自我欺骗的幻想。在互联网上进行匿名,远不如纱布对个人信息隐私的保护。

实际上,互联网协议地址又称 IP 地址运用技术当前已经解决了可追踪性问题,在网络上匿名也不是真正的不可追踪性。IP 地址作为一种特殊规定的标识物,会存在于每一台互联网电脑上,而且具有唯一性。由拨号上网演变到静态宽带上网,网络服务机构可以准确无误地连接具体某个人与具体的 IP 地址。互联网用户在拨号的过程中,系统会随机分配用户每一次连接互联网的具体 IP 地址。并且不同用户在同一天的不同时间可能会分配同一地址,但是一般情况下,拨号上网的互联网协议不会长期保留随机分配的 IP 地址。所以,用户在拨号上网状态下,使用 IP 地址识别对方身份,基本不可能实现。但是,今天人们已经淘汰了拨号上网的方式,大多数用户选择宽带上网,然而加入用户从未改变宽带账号或者 DSL,那么用户登入的每一个网站使用的 IP 地址都是无法改变的。每一 IP 地址都是与某一台具体的电脑终端连接时,很可能实现根据 IP 地址识别用户身份。

在互联网上进行匿名已经成为人们的一种幻想。通常情况下,网页管理者会清楚用户浏览网页时的 IP 地址,虽然 IP 地址并没有对应具体的某个人,但是第三方如果想要了解某个 IP 地址对应的用户网络协议,就能清楚知晓上网账号的用户身份。一些人认为,在公司与家里同时使用电脑,IP 地址则无法成功识别用户身份,实际上,是可以其他途径来判断某个时间登入这台电脑的用户身份。家庭成员或者公司员工登入邮箱时输入密码,将帮助我们判断特定时间登入电脑的用户身份。

还需要注意的是,信息技术快速发展的今天,不通过互联网服务协议账号的信息,只需要 IP 地址也同样可以确定用户的具体身份。例如,依据追踪看似匿名,在各种网页下记录同类数据的方式,便能够识别互联网用户的身份。比如,用户登入不同的网页会同步记录用户的 IP 地址,而且用户也可能在某个网站记录自己真实的身份信息。网络购物时填写个人的收货地址,依据某个具体 IP 地址在不同网页中记录的身份信息采取交叉验证并将用户的访问模式同已识别的顾客名单做对比，用户的 IP 地址与用户的身份信息就可以对应起来。实际上，在互联网发展的今天，在网络上进行匿名是一件很难完成的事情。

（二）数据信息的再识别

科学技术的进步发展，导致数据信息再识别中"个人身份可识别信息"同"非个人身份可识别信息"的划分面临挑战。由于信息技术的进步能够收集各种类型的"非个人身份可识别信息"，使其转化为"个人身份可识别信息"的技术逐渐完善。著名计算机领域科学家斯维尼（Latanya Sweeney）曾经做过一项实验，研究表明结合出生日期、邮编、性别三项内容，基本上可以判断一个人的身份，并且准确率可以高达87%。但是，"个人身份可识别信息"不包括出生日期、邮编与性别，不属于令人尴尬的信息范畴，也不满足私密信息或敏感信息范围。大多数时候，"非个人身份可识别"可以转化为"个人身份可识别信息"。科学家沙马提科夫（Vitaly Shmatikov）与纳拉亚南（Arvind Narayanan）研究在线影视出租服务表明，虽然人们采用匿名的方式对公共网络电影进行评价，但还是存在确定具体个人真实身份的可能。例如，Netflix 作为知名在线观看电影网站，需要完善自身电影软件的预测功能，选择将电影评价功能面向社会公众开放。两位学者认为，如果允许用户选择网络电影数据库中电影的评价，在 Netflix 系统中可以查找到该用户的电影评价，他们就可以借助这种手段明确用户身份，无论用户在评价过程中是否选择匿名评价方式。掌握越多的个人信息，也就越容易识别其身份信息。将这些信息汇集到一起，才可以以此创造出新的信息，而且很难实现个人的数据不被识别。搜索工具只需要通过数据分析，将不同信息联系在一起，就能确定出他人的真实身份。有学者指出，计算机科学家早已向我们展示出，他们能以令人惊讶的轻松方式，重新识别或去匿名化操作匿名数据中的个人信息。在人们的认知中早已存在一个错误的观念，认为自己在现实生活中拥有的隐私保护与自己想象中拥有的隐私保护一样多，而真实的情形却相去甚远，现实拥有的隐私保护比人们的认知少很多，而监管机构和法学学者对此却少有关注，因此令人惊讶地去匿名化技术的发展应该得到更多的关注。

（三）技术变革带来的难题

美国隐私保护研究委员会早在 1977 年已经提出，电脑与远程交流技术的应用和发展会让个人信息的保护陷入困境，也就是人们难以确定个人信息的使用范围，也无法参与其使用活动。实际上，"个人身份可识别信息"同"非个人身份可识别信息"的划分不是长期确定的，技术的发展在很大程度上影响两者的界限划分。今天符合"非个人身份可识别的信息"领域的信息，可能明天就变成了"个人身份可识别信息"。此外，移动互联网上常见的在线与离线状态，也可能会重新识别未被识别的信息。

从整体上看，网络公司的行为及技术的更新完善与未能被识别的信息转化为可以重新识别的信息密切相关。不同数据间存在一些共同的元素，可以使得信息收集更加方便，信息比对与交叉验证等技术的更新，简化了信息识别的难度。把未被识别的信息同已识别的信息联系到一起，减轻了网络公司的压力。

（四）身份识别带来的困境

确定相关信息是否属于"个人身份可识别信息"范围成为一件困难的事情。在抽象意义方面定义"个人身份可识别信息"是不合理的。因为，相同的信息在复杂多变的环境中，也会使其性质产生各种变化。例如，在抽象层面上说，借助搜索引擎工具获取的匿名信息是一种"非个人身份可识别信息"。但是，判断一项搜索查询的信息是否属于"非个人身份可识别信息"，需要根据实际情况综合考虑。选择联合搜索的方式进行交叉验证，用户就能更容易地确定搜索目标的身份。网络搜索功能的完善导致人们在无形中被轻易识别。所以，划分个人身份可识别信息时，应该根据此信息当下的实际环境综合考虑。

大数据时代，信息技术的快速发展，识别个人身份的可选信息越来越多样化，识别方法也随之不断改进完善。所以，个人信息保护便捷逐渐模糊，保护范围越来越大，面临的问题也愈发严峻。原来不符合个人信息的数据，在对比、关联的基础上识别个人身份成为可能。信息从本质上讲，是动态存在的，没有具体场景很难做出抽象界定。有些学者认为，生活在大数据背景下，已经不存在完全意义上的非个人信息。

二、规制手段失灵

（一）"告知—同意"框架

"告知—同意"规则作为美国联邦贸易委员会线上隐私保护"最为重要的原则"。过去的十多年间，联邦贸易委员会和白宫共同将"告知—同意"作为第一消费者线上隐私保护机制加以推进。该规则是行业自律模式与个人对信息进行自我管控的具体表现，当前已经成为个人信息保护的有效途径之一，并被普及推广应用。

虽然获得了相关评论者与政策制定者的积极反响，但同时"告知—同意"规则也遭受了不少非议。

1. 普遍应用性

"告知—同意"模式下，信息主体有揭示个人信息利弊的权利，并且决定能否允许别人收集、加工、应用其个人信息。此规则需要满足信息控制者与信息加工者提前通知用户，且得到用户的允许。实际上，制定该制度是想要实现个人对自己信息的管理。从理论层面上说，此制度使个人享有个人信息收集与使用的权利，用户在个人信息领域拥有自治空间。支持"告知—同意"的学者提出，该规则具有灵活、可操作性强、实施成本低的特点，可以发挥替代监管的作用。除此之外，在"告知—同意"框架中，信息主体允许使用数据的情况下，信息加工处理的行为是合法的。不同个体对隐私的重视程度有所不同，有些人不过于关注隐私价值，同意利用隐私交换产品、服务甚至是他们在乎的信息，但是具有灵活特点的"告知—同意"机制可以摆脱个人信息保护设置整齐划一、缺乏严谨的模式。全方位、多领域的应用"告知—同意"机制限制了公权力对合法商业利益的严格监管。过度管制会阻碍创新发展、影响市场竞争。该机制关注用户自我治理，防止出现严格监管导致千篇一律的不良局面。在法律与行政规章的管制外，"告知—同意"机制已成为个人信息规制的新选择。

2. 有效性不足

虽然"告知—同意"机制具备如上优势，但其同样也面临相关难题与挑战。主要的问题包括政策及相关文件存在烦琐、复杂、不切实际（如费用昂贵，通知范围模糊）、用户认知有限等方面的不足。

首先，隐私政策及相关文件烦琐、复杂。人们在互联网上安装一款应用程序、使用一种移动设备甚至开设一个网络服务账户时，弹出的隐私政策相关页面提示，用户不得不选择同意才能享用后续的各种服务，否则只能退出程序。用户仔细查看通知，理解通知中的相关法律含义，也可以咨询专业律师，同其他存在竞争关系的互联网服务商沟通，分析是否可以实现良好的隐私保护，最终考虑是否选择同意，这种情况已经成为一种理想状态，而现实情况却完全相反。研究表明，消费者基本上不会认真研读网站的相关隐私政策。商家的隐私声明通常被用户尝试去熟悉商家的采集，利用、共享他们个人信息是一种重要而唯一的方式。作为一种信息传播手段，"告知—同意"为企业提供了一条有效的沟通渠道，从而促使企业主动披露自身信息以维护自身权益。隐私政策和隐私保护声明是行业自律性"告知—同意"架构的依据，该架构的价值和合理性还构建于用户对于隐私政策和隐私保护声明的阅读和意义理解。在众多的信息素养教育课程中，有许多内容涉及到相关的隐私政策和隐私保护声明。不过这些隐私政策对于使用者来说是冗长而隐晦的，网站上隐私保护声明也常常不能满足用户预期。此外，企业发布的隐私保护声明经常存在着虚假信息和恶意篡改等问题。在这一阶段通过科技，为改善上述情况所做的工作是失败的。这主要是由于缺乏有效的沟通方式以及信息披露规则。基于"告知—同意"机制，用户几乎不看商家隐私政策和隐私声明，他们通常不了解隐私政策和隐私声明所规定的信息。因此，企业必须制定有效的隐私政策和隐私声明以确保其自身的利益不被侵犯。对那些不看隐私政策和隐私声明的人，他们无法保护好自己，亦无法监管市场。即便用户阅读相关的隐私政策、声明与协议，他们事实上也不能对冗长且充满法律行话的文件做出正确理解。在这种情况下，用户很难理解网站的隐私保护政策与要求。用户常常错误地想象一个站点，过高估计了网站在个人信息保护方面的能力和努力程度。由于缺乏有效的监管手段，互联网服务提供商在处理用户的隐私信息时常常处于被动地位。此外，在"告知—同意"的机制中，个别互联网用户没有能力就隐私保护政策和规定向服务商提供咨询。因此，隐私政策与协议无法有效地解决信息共享问题。双方交涉实力悬殊。如果用户认为服务商违反了自己的权利或者义务，那么就可能被排除出互联网之外。用户只有在收到隐私政策和协议条款之后才能使用，才可以利用服务商所提供的商品和服务。这就导致了互联网用户与服务商之间关于隐私保护问题上的矛盾冲突。服务提供商给出了复杂或全盘接受的结果，或者全盘否决的规定，在这个背后，也有不少法律专家给出了主意。在这种情况下，如果用户不知道自己需要什么，或者没有能力主动选择自己想要的东西时，他们就很可能会被告知隐私政策和协议。而且互联网用户通常只需花费数秒时间，就能解决告知所涉及的隐私政策和约定问题。

其次，"告知—同意"机制实际运行结果不尽人意。因为该机制只适用于对个人隐私有较高要求的情况，对于一般的用户来说则是不可行的。那是因为有可能会造成用户对隐私政策和证件进行追踪和读取。如果用户没有足够时间来浏览这些文件，那么用户就很有可能被要求提交更多的隐私信息以保证他们能顺利通过审核。考虑到用户可能一天内访问上百个站点，要想看完全部隐私文件会很费时，成本很高，因此用户很难获得对自己所需信息的详细说明。用户实际上不可能知道每一个站点隐私保护政策和说明。在此情况下，"告知—同意"机制便应运而生。研究法律和政策的学者们对这一机制在实践中的作用提出了质疑。因此，许多人认为"告知—同意"机制将是未来的主要发展趋势之一。技术专家们尝试用技术手段来解决这一机制的有效性，并且寻找推动线上"告知—同意"这一机制中更好地实施的途径。然而，现有技术方法所取得的成果是有限的。更复杂一些，网上交互行为具有多样性，使用户不能控制个人信息在互联网中的移动。这也就意味着在这个过程中，用户无法获得自己所需要的信息和资源。例如网站有可能会签约第三方，把它所收集到的数据信息分享给第三方，或者对这些信息进行追踪、搜集、分析环节外包第三方进行加工。在这种情况下，网站就无法向用户提供关于自己的所有数据，而只能向第三方报告这些信息。网站和第三方的这种约定，让个人很难做到掌控自己的信息。在个人信息的二次利用问题上，第三方通常会采取告知、同意等方式来保证自己的利益不被侵犯。第三方在实践中不告知用户他们会怎样进行分析、利用用户个人信息，发包方也常对其沉默。因此，第三方很难知道自己是否已经被授权。就信息的二次利用而言，"告知—同意"机制没有得到用户许可。这类规则下用户的隐私保护和对信息的二次开发利用都受到了限制。用户面对这潜在而又永无止境的信息分享和二次利用，不但很难做到对现在和将来的信息进行分析，加工、控制好使用行为，而且常常完全不知道信息是否被二次利用。在互联网时代，数据间共享与融合已经成为一种普遍趋势。直接关系到数据之间的共享和整合，就是信息控制问题。由于数据本身具有分散性和不可控性等特点，因此，信息主体难以将分散于不同位置的信息集中起来并加以整合利用。尽管，信息主体有时会进行取舍，认为揭示个别、细碎化信息不能确定个人身份，也不会给它带来什么威胁，但是，信息主体也许并不自觉，将来，这些碎片化信息很有可能串联起来，汇总后的数据，经分析可能揭露出敏感的个人数据。信息主体如果不能有效地控制自己的行为，就会很容易导致信息泄露或信息滥用。实际情况是用户难以了解将来数据聚集所带来的影响，难以对信息融合进行评价、泄露可能造成的伤害，更不能从成本和收益两方面来分析它的长远利益。

我们应该会发现在网站隐私政策和隐私协议中往往都有此类条款，也就是网站有权在任何时候对自己的隐私政策和条款进行修正。当网站发现自身的隐私政策不符合用户意愿时，就可以将这些信息删除或更改，以保护自己的利益和权益。这就决定了用户要经常查看网站隐私政策和条款，掌握网站目前隐私保护措施。在这种情况下，如果用户不小心将自己的个人信息泄露出来，就很有可能导致隐私政策和隐私条款被恶意篡改或删除。实际情况是，这导致了用户时间的问题、沉重的金钱负担。因此，为了减少这一损失，我们可以考虑通过调整网站的隐私政策来实现对网络环境下个人隐私保护行为的控制。网站隐私政策可塑性突出隐私保护承诺脆弱。在某些情况下，用户对其个人数据进行修改时，他们可能会违反其隐私政策或隐私协议。甚至用户也会小心翼翼地遵守隐私政策和隐私协议条款，政策和条款一旦单方面修改时，协议就会失效。

最后，存在负外部性。负外部性是指在信息传播过程中存在着一些不确定因素。"告知—同意"机制的实施可能带来负外部性。因此，在实施过程中需要考虑一些因素。例如，"告知—同意"规则有时会对个人信息保护造成一定的负担。这种规定是为了防止用户将自己的个人数据用于其他用途。例如，在告知内容时可能暗含此类协议：服务商享有将用户个人信息共享给第三方的权利。用户一般不接受第三方对他们资料的利用通知，更不会有可能拒绝接受第三方违反信息获取目的来二次利用自己的信息。在这种情况下，第三人可以不经其他任何方式来获得这些信息。不但如此，信息主体还同意对信息控制者进行公开，让他们利用的资料可能与第三人隐私有关。因此，为了防止个人信息被非法利用和损害，就需要建立一种合理有效的信息保护机制来限制这种侵权行为。未征得第三人的同意，公开和准许他方利用此类资料，不可侵犯第三人。从这一观点来看，"告知—同意"机制把重点放在了个人同意上，那么就注定不能顾及个人隐私决策给社会带来的后果。

作为个人信息保护方式，"告知—同意"框架已经被大数据的积极好处击败。大数据在改变人们生活方式的同时，也给我们带来了全新挑战。大数据正以全新的姿态、悄悄地和意外地利用资料的技能和方法。在此背景之下，我们将看到一个全新的、开放而透明的社会环境，为人类提供了更为广阔的发展空间。这是接下来的革新、竞争与生产力前沿阵地。在这样一个技术革命的时代里，"告知—同意"模式将成为未来社会发展的主流趋势之一。设计"告知—同意"机制，旨在期望用户能够就其信息作出有意义和聪明的决定。在这种机制中，信息的披露可以帮助人们更好地认识和利用信息，使之发挥效用，同时还可以降低风险，减少损失。用户想要达到控制自己信息，就应该能够了解作出选择将带来什么，并且具有控制个人信息公开与否的功能。因此，在信息公开与保密之间，需要寻求一种平衡。而实际情况是，个人通常对资料认识不足，信息披露将导致何种后果，亦不得知。这使得信息使用者不能很好地利用信息，甚至会因为信息披露不当给自身带来损害。同样地，就保证个人本身信息仅按预期被利用公开而言，还没有一个行之有效的体系来保障。

在这一阶段，"告知—同意"规则已经深深植根于现行制度和商业实践操作之中，这一规则仍应当在最大程度上予以遵守。经过努力，扩大了"告知—同意"机制的普遍应用范围，是个人对其信息进行控制的一种模式，能够给个人信息的管理带来一定的希望，但是，我们不应仅仅凭借这种机制而忽略了其他随之出现的程序和保护措施。在未来立法中应赋予个人信息使用人充分而有效的权利来保障其隐私权不受侵犯。在此基础上，隐私政策和隐私声明也应更加明确和简明、更加标准地来呈现样态，方便使用者进行更深入的了解和对比。

（二）匿名化与模糊化

在信息技术发展历史中，技术变革和隐私保护之间的紧张关系贯穿始终。从早期的照相记录到后来的互联网技术应用，人类社会经历了一次又一次技术革新的浪潮，然而这些革新也在不同程度上影响了个人隐私权的行使方式。19世纪，即时拍照技术及报业的蓬勃发展，已经开始入侵私人及家庭生活这一领域。在这个阶段，人们普遍接受了即时照相技术，并通过这种方式获得个人图像数据。那时代以报业、以即时拍照为代表的新媒体成为最早公开个人隐私的信息技术，这种隐私泄露要求法律必须予以保护。20世纪60年代，大型计算机的出现开始挑战人们传统的隐私保护观念，处理这种隐私威胁时，人们通常采用密码技术来保护隐私。这种方法虽然可以使信息被完全控制，但也存在着一些不足。跨入21世纪以后，伴随着网络技术进步和社交媒体繁荣，个人隐私无处藏身，管理者通常采用模糊化和匿名化技术来保护个人信息。

匿名化和模糊化技术就是对数据和数据源进行隐藏或者模糊的技术。目前已有许多相关研究表明匿名化会降低用户对信息的使用意愿。以往隐私和新技术的矛盾通常聚焦于单个小数据方面，匿名化和模糊化通常被用于隐私保护。针对大数据处理中的一些问题，提出了一种基于混合算法的安全数据完整性保护模式。该技术在单一，小数据源情况下，保护效果较理想。通过模糊化，匿名化和加密处理数据，便可以有效地阻止信息泄露。目前，已有很多学者致力于研究如何将上述两种策略相结合来保护大数据的隐私安全。然而进入大数据时代之后，大数据拥有规模大、多样性和高速性等特点，已经使小数据隐私保护的传统方法受到了大数据时代的限制。为此，人们又提出了基于模糊理论和混沌映射的大数据安全存储方案。在大数据时代各种数据得到了永久的保存。这些数据中包含了大量个人敏感信息。即便对个人敏感信息进行匿名化或模糊化处理，在分析者有别的数据源的情况下，还可以对各种数据信息进行集合，把原本不相关的资料联系在一起。这些新的数据特性为数据挖掘提供了更多可能。数据挖掘后的各种信息片段之间可以进行交叉、重新组合和关联以重新确定匿名的个体敏感信息。这种基于"数据"而产生的新方法为人类提供了一种全新的认识和理解社会生活方式的工具，并带来巨大效益。例如，基因序列中暗含了个体的疾病状况，一些研究人员就100000个志愿者的出生日期和性别进行了研究、邮政编码的匿名化操作，通过将基因序列数据和公共选民信息进行整合，能够重新筛选84%—87%志愿者。再比如，我们可以从网上收集到大量关于某个人群健康状况的数据信息，这些信息被用来作为数据挖掘的基础，并最终挖掘出该群体的健康风险因素和潜在致病因子。

大数据多样性导致多源数据融合，数据间交叉验证等，已经使传统模糊化和匿名化技术起到的效果受到一定限制。因此在大数据分析中需要一种新的安全机制来解决该问题。而大数据高速性和大规模性所带来的数据实时分析，已经使传统加密技术遇到了很大瓶颈。随着网络的普及，人们越来越多地通过互联网来获取信息，并将这些信息存储在个人计算机中。大数据时代信息收集技术、新的储存技术和先进的分析技术均使个人信息的保护遇到更大的挑战。

第二节 数据跨境背景下个人信息安全保护的新挑战

个人信息跨境流动在促进经济增长、加速创新、推动全球化等方面发挥了积极作用。同时，大规模和复杂的个人信息跨境活动，也给各国带来了许多新的信息安全挑战。

一、个人信息跨境流动带来的挑战

（一）威胁国家安全

在大数据时代下，各国所掌握的数据大小、流向、使用和其他能力将是综合国力的主要内容。大数据作为一种新型信息资源，其在社会经济生活中发挥着越来越大的作用。包括个人，企业以及国家数据，长期以来都不只是一个国家"软实力"的表现，在更关情报、军事、国防等其他国家安全方面。各国在新生的网络空间确立边疆追求权力，信息的流动和分享越来越受到政治性因素的影响。数据跨境流动议题由此与国家主权与安全密切联系。在此意义上，个人信息跨境流动的规制对国家主权维护有重要意义，是支撑国家安全与发展的重要战略资源，具有极为重要的主权保护价值。

（二）影响本国数字产业竞争力

各国对个人信息跨境流动政策路径的选择还极大地受制于本国产业能力和经济发展现状是否能够控制数据流向。基于不同的产业能力，目前各国政府在个人信息跨境流动策略选择上可以分为三种类型。

第一种是以美国为代表的进取型策略。从全球数字经济发展格局和产业竞争态势分析来看，美国在数字经济产业竞争力方面处于全球领先地位，因此它的策略是积极主张数据自由流动，防止和消除数字贸易的壁垒。它强调数字流动对经济增长的重要性，重视跨境自由流动数据的价值，数据本地化的成本，以及避免不必要的安全措施等。因此，美国在一系列贸易谈判中（TPP、TIPINAFTA）积极推进电子商务领域的数据自由流动。

第二种是以欧盟为代表的规制型策略。欧盟在数字经济领域的整体产业能力弱于美国和中国，虽然其认可许多自由主义的目标，但受制于产业竞争力的现实，使其更为依赖于规则制定的能力，通过高水平的数据保护要求和强大的监管能力，加大外国企业数据跨境流动的成本，为本地区的数字产业发展构建保护壁垒。

第三种是以俄罗斯为代表的出境限制策略。由于本国数字经济产业竞争力不足，担忧数据流失损害本国产业发展和国家安全，俄罗斯、印度尼西亚、印度等国倾向于采取对数据跨境流动限制和数据本地化存储等保护主义措施。虽然各国数据本地化的要求各有差别，但是这类措施很大程度上是作为一种市场准入壁垒来加以运用的，以保护本国产业特别是云计算等基础设施的发展。从结果来看，这也在一定程度上打破了美国云计算产业的垄断状况。

（三）个人信息在境外无法得到同等水平保护

以欧盟、日本、新加坡等国家/地区为代表的个人信息跨境流动规制的要关切是本国公民的个人信息在境外是否能够得到同等水平的保护。这些国家/地区的个人信息跨境流动监管主旨以个人信息安全保护为出发点，以包括数据主体同意、数据主体权益保障、境内数据转出方与境外数据接收方的合同、数据接收方所在国家、地区数据保护充分性审查等多样化机制为抓手，保护个人信息出境流动安全。其监管措施主要包括以下两种：

一是由监管机构或监管机构认定的第三方机构为认证主体，采取实质性审查与形式审查相结合的方式来进行评估认证，从而发挥行业协会等第三方监督市场自律作用。比如，欧盟的"白名单制度"由欧盟第31工作组对申请国、地区数据主体权益保护情况、个人信息保护有效立法及执行情况、监管机构设立情况、国际公约加入情况等方面进行评估认证，对申请国、地区的个人信息保护水平进行认证。个人信息从欧盟境内向通过认证加入名单的国家、地区转移，免于审查。欧盟的《约束性公司规则》（BCR）规定由跨国集团公司向欧盟境内相关国家的数据保护机构提交申请，数据保护机构根据《约束性公司规则》要求，对其申请进行评估认证，认证通过后，该跨国集团组织可以在BCR要求范围内合法地进行数据出境，免于再次评估；而《通用数据保护条例》（General Data Protection Regulation 简称GDPR）中提出的"行为准则"认证，则依靠行业协会提出，经由成员国监管机构或者欧盟数据保护委员认可后，可通过有约束力的承诺方式生效。另外，公认的市场认证标志可成为合法的数据跨境转移机制。在我国，国家信息安全管理部门已经发布了《网络安全审查办法》。亚太经合组织APEC数据隐私小组的CBPR系统也是企业自愿申请的，经所涉国家的独立问责机构证明，通过鉴定后（需进行年度评估），才可以跨境转移CBPR中的个人信息数据。

二是合同干预制。欧盟、澳大利亚和其他政府部门已经开发和实施了数据出境合同范本，合同明确了有关主体的义务，由此，对数据接收方的行为进行约束，实现个人信息出境的治理。以欧盟为例，根据由欧盟委员会以《数据保护指令》为法律依据，参考各国数据保护机构意见制定，且经过欧盟第31工作组认定采纳，分别于2001年、2004年、2010年颁布的《标准合同》条款相关规定，企业之间签订出境业务流动处理合同如包含格式合同的条款，则可将欧盟内个人信息转移至欧盟境外不具备充足数据保护水平的国家。两种监管模式可并行采用，以企业自律为基础，政府审查为保障。

三是对重要敏感的个人信息实施限制出境措施。根据数据属性、风险程度，并结合本国国情和政治文化差异，世界各国普遍对政府、银行、金融、征信、健康、税收等关键基础设施和重要行业/领域数据实施出境限制措施，包括完善个人禁止出境、选择性禁止、有条件出境等数据出境管理措施。上述数据分类方法主要从行业出发，但是还包含了大量的个人信息。比如法国规定税收、管理而开发的数据需要本地存储；澳大利亚禁止将健康记录转移到澳大利亚以外的地方；印度规定支付数据禁止出境。

（四）大国数据主权战略与管辖权冲突

在数据已成为我国重要的战略资源的今天，积累资料、加工与治理就成了国家经济命脉中的一个决定性因素。从全球范围来看，数据主权已逐渐形成并得到国际社会的认可。数据资源渴求体现为大国扩张性数据主权战略，从立法层面上主要表现为对管辖权的拓展。

美国、欧盟的数据主权战略以"攻"为主，通过"长臂管辖"扩张其跨境数据执法权。比如，美国《澄清域外合法使用数据法案》赋予美国执法机关对美国企业"控制"的数据，不论其在美国还是在境外都享有主权，同时对美国人的数据以及在美国境内的个人信息，外国政府必须经过美国国内司法程序。这种长臂管辖，使美国的数据主权扩展至美国企业所在的全球市场。欧盟的GDPR也同样适用于所有针对欧盟用户提供产品和服务的企业，不管该企业是否位于欧盟境内。美欧的长臂管辖无疑将加大与数据存储地国家的主权冲突。

相对来说，俄罗斯等国的数据主权以"守"为主，通过数据本地化解决法律适用和本地执法问题。此外，传统国家间的司法协助条约（MLAT）进展缓慢，也间接鼓励着各国政府更愿意选择数据本地化政策，数据存储在本地至少有执法便利，在法律适用上本身也是一个强有力的抗辩。

虽然互联网是全球性的，但立法和监管都是在当地进行。互联网国际合作中的管辖权冲突问题，是各国在互联网领域内进行合作时需要面对和处理的首要问题之一。互联网管辖适用问题长期悬而不决。随着国际社会对数据主权意识的增强，各国开始重视在国内进行管辖权和责任认定方面的制度建设。目前数据主权不断扩大，致使国家间法律适用的连接点越来越多，管辖冲突对跨境服务企业造成了难以化解的义务矛盾。

二、我国个人信息跨境流动的环境与能力

（一）威胁

1. 数据主权的战略博弈呈现泛化趋势

相对领土、人口等其他类型的国家主权管辖对象，数据主权的实现具有复杂性。首先，当前数据主权博弈从个人权利和产业竞争泛化到国家安全和公共安全领域。政治集团、行业巨头、人权组织等纷纷介入这一领域，从不同的角度给跨境数据流动施加非技术性的要求，使跨境数据流动问题变得异常复杂。其次，国际法规则缺失和各国法律差异/博弈导致数据主权管辖边界面临重合与冲突。例如，美国通过"云法案"赋予执法机构获取在美国经营业务的跨国公司分布在全球数据中心的数据的权力，同时又以"适格外国政府"为条件，赋予盟友向美国境内的组织直接发出调取数据命令的权限。我国《国际刑事司法协助法》仅仅阻断直接来自外国政府对境内的机构、组织和个人控制数据的刑事司法管辖权，且在两国意识形态具有显著差异性的情况下，我国目前很难通过美国政府在"云法案"中提出的审查"适格外国政府"的人权、法治和数据自由流动的标准。在此情况下，在中美跨国经营业务的企业可能会面临两国执法管辖难以调和的冲突困境。再次，各国数据主权管辖能力具有不对称性。美国在网络空间基础资源和技术产业的领导地位对各国数据主权保障能力形成现实压制，即使我国出现了一批具有国际竞争力的互联网企业，但是相对美国全业态的产业领先优势仍具有较大差距。各国的数据主权保障能力仍处于极度不平衡的状态。

2. 数据跨境流动带来的风险

在数据跨境流动场景下，数据安全面临着更为复杂的威胁。一方面，各国数据保护标准不统一，数据从高水平保护国家流入低水平保护国家，使流出国用户的权利在数据跨境转移后难以得到保障，执法和救济存在障碍；另一方面，各种国家关键信息基础设施和重要机构承载着庞大的数据信息具有重大的国家安全战

略价值，如由信息网络系统所控制的石油和天然气管道、水、电力、交通、银行、金融、军事等领域的大数据安全已经上升为国家安全极为关键的组成部分。这些领域的大量敏感数据在跨境传输中存在不可控的风险，需要国家层面加强数据安全保护和监管能力。

（二）机遇

1. 美国经济政策变革带来的机遇

特朗普上任后推出的"全球收缩"经贸保护政策和"美国优先"国内经济政策对全球经济秩序产生重大影响。在全球经济萎靡不振，贸易增长乏力和政治不稳定叠加的背景下，贸易保护成为特朗普对外经济政策的主要议题。美国政府退出了跨太平洋伙伴关系协定（Trans-Pacific Partnership Agreement，TPP）等贸易谈判，放弃既有的多边贸易机制，试图逆转经济。相比美国提出"回到美国"的政策，收缩在国际公共产品领域的责任和义务中国则成为唯一一个仍在全力推动全球化的大国。美国退出TPP和全球战略收缩将为中国提出的"一带一路"倡议腾出空间，美国退出后在某些领域形成月量真空，成为中国参与构建数字经济贸易规则的机遇窗口。中国可以利用此机遇，建立新的、中国主导的多边机制，重构全球贸易和数据治理体系。比如中国正在积极参与推进的《区域全面经济伙伴关系协定》（RCEP），通过推进区域贸易自由化、促进区域经济一体化，从而在其中发挥大国影响力。

2. 技术变革带来的机遇

5G、物联网、人工智能等新一轮技术变革命正将我们带入一个万物感知、万物互联、万物智能的世界。在走向智能世界进程中我们广泛由感知到高速联网、共享智能会产生从未有过的增长与价值，数据由此成了一种取之不尽，用之不竭的资源，智能支配着数据价值转化与产出，衔接承载着海量数据交互与智能价值创造的进程。

智能时代的到来，一方面将改变数据流动的底层逻辑，另一方面将使产业图景发生革命性的变化。

首先，物联网、边缘计算等技术的出现，促使民众将重要IT资源转移到现场应用端以及数据源的网络边缘，冲击原有的后端数据中心汇集计算模式。这类新技术引发业务模式的变化，将深刻改变数据流动的底层逻辑，影响数据在全球的流动和分布。

其次是数据公开问题，在传统工业时代，流动与共享会颠覆商业形态与产业，促进大范围跨产业协作与创新，派生出来的有平台经济、共享经济等各种经济模式，提高人类创新力与生产力。我国在5G、物联网、大数据、云计算、人工智能等领域积累了良好的创新能力和技术优势，有机会通过创新实现跃升迭代，从而提升我国在全球产业价值链中的地位。因此，我国构建跨境数据流动规则应当在新技术变革带来产业升级的战略背景下予以考量。

3. "一带一路"倡议带来的机遇

根据国家统计局发布的信息，2018年中国大陆对外货物贸易总额达到了4.62万亿美元，再次超过美国成为全球最大的贸易国。习近平主席在"庆祝改革开放40周年大会上的讲话"中指出，"开放带来进步，封闭必然落后"。扩大开放意味着将有更多数据跨越国境进行流动，包括境内外资企业输出数据、国内中资企业输出数据、境外中资企业输入数据等各种情形。同时，我国"一带一路"倡议进入全面合作阶段，投资和贸易持续深化，双边及多边合作机制的完善推动我国"新型全球化"战略的实现。此外，中国还积极促进《区域全面经济伙伴关系》的谈判，促进中日韩自贸区的谈判。上海合作组织也从原来六个成员变为八个。中国还与中东欧国家展开中国—中东欧"1+16"经济贸易合作，与非洲国家和拉美国家开展经济贸易合作。伴随大量双边和多边经贸合作协议的签订，以及与"一带一路"国家贸易关系的紧密发展，带动了双边和多边数据交互流动的持续上升。

（三）优势

第一，我国数字经济全球竞争力持续提升，大量企业的全球化拓展步伐在加速当前，在互联网行业、人工智能产业等数字经济的重点领域，中美在产业体量、人才集聚、技术创新、影响力等方面均表现出较强的竞争优势。我国高科技行业正处于向产业价值链中的高端攀升的关键期，在电子商务、金融支付、通信技术等领域处于世界领先水平。华为、阿里巴巴、腾讯等一批高新技术企业走出国门从而成为真正意义上的跨国企业，通过创新的技术、产品和服务加速拓展全球市场一大批中小型的科技企业也依托网络进军海外。中国高科技企业一方面向世界输出技术、产品和商业模式，另一方面还通过在信息技术、计算机服务和软件业领域的海外投资并购拓展全球版图。中国数字经济全球竞争力的提升和高科技企业加速全球化布局，伴随而来的是中国企业对全球数据控制力的提升，从而吸引全球数据向中国汇聚。

第二，制度与监管体系的完善有助于改善我国数据保护不力的国家形象我国数据保护制度不健全长期受到国际社会的批评。无论是欧盟还是APEC的研究报告，都认为我国个人信息保护程度无法达到充分的保护水平，因此无法开展数据跨境的国际合作。随着《网络安全法》《信息安全技术信息系统安全等级保护基本要求》《信息安全技术个人信息安全规范》等法律和标准的实施，《个人信息保护法》《数据安全法》将纳入立法计划，我国个人信息保护法律制度有望在近期得以完善。在监管层面，国家网信办、公安部等监管部门也针对互联网服务实施了包括隐私政策评审，对不当数据处理行为进行约谈，对侵犯公民个人信息违法犯罪活动实施专项整治，落实信息安全等级保护制度等措施。制度与监管体系的完善，有助于我国塑造良好的数据保护的国家形象，为我国开展数据跨境流动的国际合作奠定基础。

第三，部分龙头企业积极提升数据安全管理能力，推动建立行业和国际标准除了提升数据保护合规能力以外，我国互联网龙头企业在企业自律和数据安全管理能力建设方面进行了创新性实践。比如阿里巴巴根据多年的数据安全实践经验，提出了《数据安全能力成熟度模型》(DSMM)，围绕数据生命周期开展DSMM评估认证工作，在行业内进行推广应用。该成熟度模型还报批成为国家标准。在此基础上，阿里巴巴还牵头制定国际电信标准分局（ITU-T）、国际标准组织（International Organization for Standardization，ISO）的相关国际标准，将中国数据安全技术和管理经验推广至全球。阿里云还与Oracle，IBM，SAP，Salesforce以及其他国际科技企业合作，参与欧洲云计算服务商行为准则的建立，并且预计将获得欧盟数据保护监管部门批准。另外，蚂蚁金服、腾讯等公司纷纷发布自己的"隐私保护白皮书等"，通过构建全生命周期数据管理制度，构建多维度隐私保护机制，建立最佳实践，规范个人信息保护过程。在全球范围内，互联网巨头们正在积极推进大数据共享平台建设工作，以提高其数据资源利用率。互联网龙头企业数据安全管理能力与国际先进水平接轨，并且在制定国内、国际标准中处于主导地位，既增强其跨国经营活动合规能力，又增强其竞争力，还为中国数据跨境流动扩大合作空间，进一步加强别国开放数据进入我国的力度。

第四，我国数据经济产业增长空间大，优势明显。目前，数据经济产业在我国呈现出了较好的发展形势，据中国信息通信研究院发布的《大数据白皮书（2018）》显示，2017年，我国大数据产业规模达到4700亿元，比上年增长30.6%。在数据资源上，大数据融入实体经济的步伐加快，我国在数据资源量，丰富程度等方面都占有优势。在国家大力扶持下，大数据相关技术已经得到广泛运用并产生巨大经济效益。我国人口基数居世界首位、互联网用户数与移动互联网用户数，网络化、智能化、平台化购买，制作、营销等开始为更多中国企业所重视，中国已经成为真正意义上的"世界数据中心"。同时，随着大数据时代的到来，我国的云计算、物联网等新兴领域也得到快速发展。就数据应用而言，我国的企业同样收到明显的效果。在大数据系统建设上，国内一些知名的大公司已经开始实施基于大数据处理的商业模式创新。比如阿里巴巴的DT战略、腾讯的"大数据链接的未来"、百度"中国大脑"战略品围绕着数据驱动展开布局。大数据技术已经被广泛应用于各行各业之中，包括商业、工业、医疗、教育、物流等多个行业。金融，保险，旅游，卫生，教育等包括交通服务在内的众多行业领域内的数字化发展，也大大地丰富了数据来源，进一步确立国内大型互联网企业的大数据地位，同时，拓展了大数据分析在多个行业中的运用。

（四）劣势

1. 数据跨境流动管理需进一步厘清

当前，我国个人信息出境管理制度尚在制定过程之中。出于国家安全、执法便利的考虑，我国以往的法律政策制定倾向于以"本地存储"为前提设计个人信息跨境流动顶层制度，未能正视我国数字经济竞争力已位居世界第二的客观现实，以及未能从推动实现我国企业全球化发展的战略目标中进行考量，甚至未能为数字贸易活动正常开展提供多样化选择。从最新推出的《个人信息出境安全评估办法（征求意见稿）》来看，立法者已经认识到个人信息对企业开展全球业务的重要价值。因此，在设计上采用风险评估为主，重点规范个人信息出境合同。以此构建个人信息出境的弹性化规制策略，平衡个人、产业和国家三方利益。对于个人信息涉及国家安全的部分，从目前立法趋势来看，似乎倾向于通过部门或行业法，实施特别规制，在当前的部门立法中，监管者提出了诸多数据本地化要求但未禁止数据出境的场景，我国还缺乏相应的程序性规定，明确数据出境的必要条件。

2. 我国参与全球规则的能力有待提升

目前，我国数字经济发展已处于全球领先地位，但是与数字经济发展水平相比，我国在数据跨境流动的国际合作方面仍处于起步阶段。2016年，我国向世界贸易组织（WTO）总理事会提交了一份涉及电子商务相关议题的文件。虽然并没有签署2017年12月阿根廷召开的WTO成员部长级会议上71个WTO成员的声明，但参与了在日内瓦进行的第四轮讨论。当前，我国还难以加入以欧盟、美国为首的双边/多边机制。欧盟对数字经济的发展暂显滞后，期望以GDPR（通用数据保护条例）所建议高保护标准，以及限制资料流向欧盟以外地区，来建构针对非欧盟国家之贸易壁垒。欧盟与美国在"隐私盾协议等"谈判中经历了许多曲折，并始终受到欧洲法院复审的威胁。因此，有必要对我国进行全面分析以确定适合我国国情的应对方案。根据欧盟调研情况，我国目前还没有同欧盟进行协商的制度基础。以及以美国为首的APEC体系等，着重指出，各国之间自由地流动数据。目前来看，APEC也未显示出与中国积极协商的意向。2017年APEC发布的《CBPR准备度报告》更提出，由于中国尚未制定隐私保护法，因此没有资格加入CBPR。

3. 数据保护未形成共识

我国对数据保护的监管还处在起步阶段，在着力治理数据黑灰产的同时，确定数据保护要点，防止对企业正常运营造成数据使用影响，尚需达成社会共识。当前我国数据侵权案件频发，其中有许多是由于用户个人信息被非法获取而造成的。另外，目前国内多数政府机关及企事业单位在数据治理能力方面仍有较大欠缺。例如，一些政府部门对个人数据和个人信息的管理不到位，导致许多个人信息被非法获取或存储在个人电脑上，造成个人隐私泄漏。违规采集用户数据、缺少对数据安全的必要措施、用户数据被误用，甚至被贩卖、大规模数据泄露这类严重侵害用户隐私，数据权利的现象常有发生。在这些问题背后是不同程度的组织不重视、不了解数据保护工作以及缺乏有效的数据治理手段等因素造成的。一些机构对数据保护认识不足，还缺少数据管理专业人才；一些机构已初步了解数据的安全性，但是仍然缺少很好的数据治理能力，不能使之成为一种竞争优势；还有一些组织对数据的所有权没有明确定义，导致其在数据获取与使用上都存在问题。一些公司已经意识到数据资源具有财产价值，却滥用技术能力，侵害用户隐私，以获取企业利益。在我国当前经济发展阶段和大数据环境下，数据保护是一项长期任务。数据保护的侧重点还没有达成一致，整个社会的数据治理可以说是参差不齐，极大地影响着我国数据保护的总体能力。

第三节 我国个人信息安全保护理论发展与不足

一、个人信息控制权学说

（一）个人控制权说基本概念

一些学者注意到人人都应该拥有和控制自己的信息，从收集，存储，使用，转移，阅览，纠正材料等方面销毁各工序，均应以"自我决定"为由，允许个体参与整个过程。因此，在隐私权理论研究领域内，"自我决定论"一直是一个重要的学术话题。"日本学者芦部信喜教授指出，从日本隐私权的发展历程看，日本隐私权的发展经历了从私法上的权利到宪法上权利的过程，而概念上的发展也从消极被动、要求他人放任自己独处的不被打扰的权利到积极主动、控制个人信息权利的发展过程。"[①] 以上学者之见解，可归结于"信息控制"理论。"信息控制"理论在国外已经得到较多研究和应用。这一理论认为隐私权就是自然人控制自己

---

① 李缓. 大数据时代个人信息保护研究 [M]. 武汉：华中科技大学出版社，2019.

私人生活信息。隐私权包括私人领域内的信息控制权和公共领域内的信息控制力两方面内容。具体表现在信息主体搜集，存储，发布与其有关的信息修改和其他活动的决定权。

综合来看，个人信息控制权是指信息关系中自然人对于被通知处理人个人信息所享有的超越合理使用范围之外的控制权。

（二）信息控制说面临的三重困境

在信息技术不断发展的今天，完整地记录人在网络中的各种行为，是完全有可能的。网络中存储了大量个人数据，这些数据往往是未经授权就被公开发表或复制使用的，甚至可以直接用来进行犯罪活动。信息技术可以用一种人们完全无法预料的形式，通过具体渠道广泛传播别人的机密。而这就导致信息主体在收集、使用和管理这些个人信息时，必须面对诸多难题。在此基础上，信息主体在对个人信息进行管控时会遇到很多困难与障碍。

网络空间内信息主体的活动，不仅仅是信息主体本身在计算机上网中产生的纪录。在互联网时代，网络已成为人们日常生活不可或缺的部分。这一阶段，很多机构和企业对用户遗留于网络中的个人信息进行了记录和采集，以及商业利用上述个人信息。网络环境下，个人信息权作为一种新型权利形式被广泛使用。越来越多的直销经营者和各种网站，把网上搜集到的资料和实际生活中搜集到的个人信息连接起来，运用整合分析的方法，制定分类清晰的营销列表进行营销。这种行为虽然能够帮助消费者获取更丰富的产品或服务信息，但却严重侵犯了网络用户的隐私权利，同时也使其在网络环境下的隐私权受到极大威胁。在网络跟踪和窥探技术日益发达的今天，有效规制难度加大，不能阻止未来网络窥探信息技术对于个人信息权的侵犯。同时，在互联网时代下，传统法律体系对于信息传播与利用的保护机制已经不能满足现实社会需求，而新型追踪、窥视技术也为个人信息权利人提供了新的途径。个人信息采集，存储，直销经营者和网站采集并出售个人信息以及新型跟踪、窥探技术开发和使用，均已成为网络空间领域中涉及信息利用和处理的迫切需要。这些问题是目前互联网时代下出现的新情况，也是法律需要解决的问题。其中，也出现了3个主要问题：自治中的两难处境、信息隔绝中的谎言，以及在这一阶段实现过程中出现的阻碍商品化的假现象。

1. 自治的困境

用作从学者论著、判例法、政策建议所形成的对信息进行个人控制这一理念，它的理论基础在于把自我决策看作人所拥有的自然权利，但是，要客观看待信息在自我决策中的局限性。

（1）信息的自我决策具有局限性

首先，隐晦含混的隐私声明和网络隐私权问题自身高科技的实质，使个人信息在加工处理过程中普遍存在信息不对称现象，网站访问者对这一问题的了解不够必要。网络环境中个人对个人隐私保护的漠视和忽视，造成了用户在进行信息搜集时往往会忽略自己所拥有的个人信息，进而导致个人信息的滥用。广大用户没有认识到它所访问的网站在收集他们的资料，而且即使使用者意识到了这一行为后，他们也不清楚自己个人信息收集后将有什么用处。

其次，网络隐私权领域消费者隐私信息保护集体行动缺失，保护消费者信息维权群体不成熟，网络隐私保护制度本身还存在着一些缺陷。尽管，在技术上有采纳隐私权的提案和趋势，并预设过滤，一种新型信息过滤技术，可以帮人表达自己隐私偏好，但是，我们应该清醒地认识到，维护网络隐私权集体行动的可能性，这一阶段仅仅处于缓慢的孕育和形成过程。

再次，除信息不对称和网络集体行动外，互联网中用户行为选择仍然具有局限性，也就是一个有限理性决策问题。在这种情况下，如果企业为了获得更多利润而采取过度竞争策略，那么就很可能导致互联网用户之间形成"囚徒困境"博弈，从而引发大规模集体违约现象。在网民面临信息控制说的情况下，用户需自主进行信息隐私相关决策，从而对自己行为的选择承担责任。这就使得他们无法根据自己的偏好和经验去判断是否采纳他人所推荐的意见。行为经济学研究证实，人们在企业制定标准化条款前，常常在违约条款方面显示迟钝性，这句话给人的自由选择带来了强烈而又一般的约束。

最后，互联网企业对网络用户信息隐私的保护几乎全部被采纳或者退掉出来选择。因此，网站必须为自己建立一个隐私声明系统。互联网用户对于企业信息隐私保护策略，只有完全接受或放弃退出。放弃，是指不能利用企业产品和服务。

同时，这也为网络服务提供商提供了通过降低信息隐私泄露风险而获取商业利润的机会。这些隐私声明就变成网站收集数据信息的工具。同时，一些网站也可能因为缺乏有效的信息隐私保护措施，而导致被其他网站所模仿和抄袭。现有行业标准的发展通常不热衷个人信息隐私保护，保持目前资料最大公开状态的行业标准，将使网络公司都能从中得到好处。另一方面，在互联网领域中，由于技术进步以及用户需求的变化，网站之间竞争也日益激烈，因此，这就需要通过制定更加完善的隐私政策来吸引更多的用户参与到信息资源的开发中来。所以一旦网络行业锁定了较低的信息隐私保护水平就成了主导，那么，如何寻找有效改善网站隐私保护的途径将是一个难题。应该看到许多网站隐私声明条款自身有诸多不足，这些隐私政策通常不能很好地反映网站在信息收集和使用方面的真实活动，而广大用户则完全不阅读这些内容。

（2）个人信息的强制披露要求

目前，世界各国制定法中都有明文规定，以公共健康和国防安全、反恐为目的，要求强制公开有关个人信息。鉴于此，对个人信息在以上方面进行自治就会遇到障碍。在我国，由于信息公开制度尚未建立起来，所以有关部门对信息披露采取了严格管制。信息控制就像一道模糊的屏障，掩盖真信息处理过程中的真实问题。

2. 信息隔绝的困境

信息控制说认为，信息隐私是将个人信息维持在隔绝状态下的好处。在这一思想指导下，信息保护制度成为一种普遍适用于所有社会组织和个人的权利救济机制，并通过一系列法律规定对信息进行隔离。信息隔绝的谎言认为个人信息权是让信息进入秘密状态的王牌。信息隔离说不仅适用于个人信息保护领域，而且还适用于公共管理领域。但基于信息隔绝的信息控制说推行起来会遇到一层又一层的障碍，在这些障碍中，最大障碍源于公众问责、政治理性与商业实践三个方面。第一，公众问责制把开放个人信息作为民主管理中的一项重要内容；同时，信息开放又会导致信息泄露问题。第二，政治理性需要开放个人信息，从而使政府在行政管理中的作用中得到更好的发挥。但在信息封闭下，个人信息被作为"黑匣子"而不容易获得有效保护。第三，商业机构运用多种信息窥探和跟踪技术对个人信息进行采集和使用。因此，信息封闭会给国家治理带来诸多挑战。在这个阶段，为了信息隔绝，运行中不但程度受限而且难度较大，因此也面临着很多挑战。

3. 信息商品化控制的困境

人们对个人信息享有控制权这一观点，将把这一权利直指个人信息买卖。这一看法已在学界引起了广泛的探讨。笔者认为，在我国现阶段，信息市场还没有完全形成，信息使用者的个人自由也无法通过法律来限制，因而，个人信息权只能是一种"准物权"性质的权利。基于这一视角，为维护个人信息权，有必要建立起相应的信息市场和个人信息财产权制度。在这两个方面都有必要对个人信息权进行限制。以上观点获得许多学者的回应与支持。莱斯格是比较有代表性的一位。他认为，个人信息权是一种人格尊严权，其核心在于保护个人对自己身份的识别能力，而不是对他人身份的识别能力。他要求政府更改与个人信息有关的既有法律权利。他认为，为了保护个人免受不公平对待，必须将个人信息作为一项特殊资源来进行管理。他倡导国家应当给予公民个人信息财产权，以及采取相应的措施，督促信息控制者、使用者使用个人信息前，先取得他人的同意。同时，他还建议通过立法来保护个人隐私权，从而避免因侵犯个人隐私而造成对社会经济发展和公共利益的损害。莱斯格意识到，在运用法律手段对技术手段运用进行调节时，国家要负更大责任。

从目前商业实践操作来看，用户所面临的个人资料处理活动，是不允许进行商量的、讨价还价和信息不对称，集体行动等强制选择、有限理性与退出选择限制等，均使个人信息在商品化的过程中存在很多阻碍。从经济学角度分析，这些问题是由市场自身发展过程中存在的缺陷所导致，也正是由于这一原因，个人信息才具有商品化的价值。当前信息市场状态、收集、使用个人信息的商业机构不需要为个人信息的使用付费，而要打破这一局面，不仅要求市场自我孕育，也要求国家进行有效导向。

互联网赋予每个人无限可能，让个人力量增强，个人价值升华，但现行互联网上的个人信息利用制度是不透明的。新时期出现的无限攫取用户隐私技术应用以及网络犯罪和网络暴力、网络安全等，均与当前个人信息制度不能有效保护民众隐私信息密切相关。信息控制学说作为一种新兴的理论，为我们提供了一个全新的视角来看待和处理这些问题，它将个人信息视为具有独立价值的权利，可以实现个人自由与公共利益之间的平衡。在个人信息保护实践中，信息控制论也同样适用其中。对这一理论进行分析，可以清楚地看到信息控制说在这一阶段的不足之处，对我们的思考很有帮助，个人信息保护领域如何扮演国家和市场角色，如何降低信息不对称程度，克服集体行动障碍，保持民众在社会言论和行动上的独立性，刺激商业机构、社会团体对其行为进行纠正，从而推动规范、有序的信息市场的建立并维持其正常运作。

二、个人信息财产权保护学说

信息时代的个人信息兼具人格和财产的双重身份。个人信息作为一种新型的信息资源，其商业价值也日益凸显。一方面个人信息和个人人格紧密相连，突出了个体的特点和性格，同时，它作为一种特殊的财产权，具有财产性质，具有一定的法律保护意义；另一方面个人信息已成为具有经济价值的一种资源，企业是否拥有个人信息，关系到企业的市场竞争力。从信息社会的发展来看，个人信息的人格化趋势越来越明显，个人信息保护问题已成为世界各国关注的热点。个人信息原本是个人人格的一种体现，它客观地记录了个体事实的生存状态和行为。个人信息作为一种特殊的财产权，具有财产性和人格化两个基本特征。敏感的个人信息会牵扯到个人隐私，所以，它的人格属性毋庸置疑。个人信息作为一种特殊资产，具有重要的财产性和使用性而受到法律保护。信息时代下个人信息财产价值正在逐步显现，它的财产属性亦越来越强。随着互联网技术的发展和广泛应用，以"大数据"为代表的新一代信息技术正在深刻改变着人类社会生活方式和工作方式，也给传统的商业模式带来了巨大变革。"从 2008 年开始，大数据交易市场已初见端倪，'数据市场''数据银行'、数据交易市场已成为新型的经济形势。"[1] 在大数据时代，数据资源已经被广泛地运用到各行各业中。网络信息平台可以通过对采集到的个人信息加以整理，配合大数据分析，组建数据库，实现低

---

[1] 郝思洋. 大数据时代个人信息保护的路径探索 [J]. 北京邮电大学学报（社会科学版），2016（10）: 45-60.

成本"精准营销"货物或劳务。个人信息的商业价值日益显现，并逐步向社会各领域渗透。个人信息虽然财产价值正在逐步增强，然而，保护路径并未随财产价值的突显而得到有效塑造。在此背景下，隐私权与人格权被纳入到保护范畴。隐私权和人格权商品化、独立财产权、一般法益和其他道路竞相涌现，但是这几种保护路径都有不足之处，因而学界对此问题尚无较为统一的看法。在互联网时代，信息资源的开发利用是一种常态化行为，个人信息作为重要的经济资源，其法律属性应受到关注。保护路径不确定导致个人信息财产利益保护困境，这样不仅损害了个人权益，而且阻碍了市场主体合理地使用个人信息，与此同时，也阻碍了信息产业的发展。

个人信息财产利益产生于信息时代语境。个人信息的价值在于其具有商业价值，可以为人们带来巨大经济利益。正由于现代信息产业对人才的要求，个人信息已经成为信息市场上的一种重要资源。信息的生产和传播都离不开个人信息，而信息的获取和处理则依赖于对个人信息的占有和利用。个人信息的占有量和信息处理能力，决定了信息行业的市场竞争力。在信息社会，个人信息作为一种新型的财产类型已经成为人们生活中不可或缺的一部分。个人信息的财产利益来自于个人，所以，个人才是个人信息的根源，亦为信息财产价值之源，所以个人应享受因其本人而带来的好处。在我国，个人信息被视为一种无形财产并受到国家保护。但当法律未明文规定，到底该通过什么样的途径才能维护这一利益，避免信息处理者损害个人利益，人们有不同的看法。本文通过分析比较不同路径下的立法案例和司法实践，提出个人应根据其是否具有独立人格进行选择。当前学界认为现有保护方式有人格权商品化路径、财产权路径与一般法益路径。

（一）人格权商品化路径

个人信息财产性利益在人格权商品化道路上的保护，是建立在个人信息人格属性基础之上的。人格权的商业化路径源于其对社会公共利益的追求和个人自由权利的保障，而个人信息财产权则基于信息主体对自身隐私安全的担忧而形成。部分学者将个人信息权益视为具体的人格权，既不是一般的人格权，又不是隐私权，重点是希望以此为基础，通过"个人信息权商品化与损害赔偿规则等"建设，对个人信息所带来的财产利益进行保护，但人格权商品化路径和个人信息财产利益不相称。

首先，我国法律规范没有明确把个人信息权益定位为独立人格权或一项隐私权。《物权法》和《侵权责任法》对个人信息没有明确规定。《中华人民共和国民法典》（以下简称《民法典》）没有把个人信息单独规定为人格权客体，反而将个人信息的有关内容指定于隐私权部分。《民法典》没有对个人隐私进行专门立法，只涉及一般的隐私问题，而未提及个人信息。这一安排看似个人信息权益属于隐私权，但从法条表述中可看出，个人信息不符合隐私。事实上，在民法上对个人信息的概念界定存在较大差异，这使得个人信息和隐私之间有着巨大差别。《民法典》有关条款明确规定，对个人信息的私密信息，应采用隐私权保护规则，而不是私密信息，个人信息保护这一条款才能得到应用，由此可见，尽管个人信息和隐私之间存在交叉内容，但是，它显然不是隐私权的全部客体。因此，《民法典》对个人信息进行单独立法，不仅符合法律逻辑，而且能够实现社会正义和个人自由价值之间的平衡。这固然意味着个人信息和人格权客体在我国法律上得到承认，并存在着高度相似性。因此，在民法上确立个人信息的法律地位不仅不会影响人格权立法的进程，反而能促进人格权法体系的完善和发展。然而这种法律上的承认并未能使个人信息权益变成一种无可厚非的人格权。事实上，个人信息在本质上属于财产性权利，它既包括个人拥有的信息资源和信息服务，同时还涉及个人信息本身的经济价值。可供商业使用的个人信息，本应仅限于非私密信息，否则，将导致人格尊严受到极大伤害。因此，我们在保护人格权时还需要考虑到个人的经济利益和社会公共利益之间的关系。总之，拥有财产利益的个人信息通常不属于隐私权所能支配的范围，由于个人信息权益不是一项具体人格权，因此，人格权的商品化路径欠缺适用前提。

其次，我国法律传统缺乏以个人信息财产权益为人格权商品化空间。我国对隐私信息商品化缺乏明确具体的规定，导致隐私信息财产权人在利用其信息过程中受到侵害时得不到有效救济。赞成个人信息财产权益采取隐私权商品化道路进行保护，倾向于美国法。隐私权是一种人格尊严，具有独立人格，在法律上应当享有财产权的属性，其商品化也应遵循民法的一般规则。但在美国法上隐私权这一概念却是"大隐私权",不等于我国的法律。因此,对隐私权进行商品化的正当性需要结合我国现有的法律制度予以论证和分析。在美国法中,隐私权客体主要有肖像、姓名、个人信息和其他各类内容。例如,可用于商业上的肖像,均可通过人格权商品化理论来加以说明。在这种情况下,隐私权的保护只能适用于自然人。而个人信息权益本来就是蕴含于"大隐私权"的理念中,个人信息之财产利益,自然可以利用这一保护路径。我国在立法上虽然对个人信息进行了规定,但没有把隐私和私人信息等同起来,这导致在司法实践中,隐私权和个人信息往往会出现冲突。而我国隐私权是为了保护个人私密空间免受侵害,属于负面权利,自然会拒绝私密内容自由流转,因此,与商业领域个人信息流通的实际情况不符。

最后,个人信息权益并没有人格权商品化的价值基础。肖像权和姓名权都是自然人所专有的权利,它们都属于人格利益。肖像权或姓名权商品化的可贵之处,并非来自肖像与名字本身,但它是一个人对社会的影响。肖像权或姓名的商品化不仅是对自然人的人格利益进行保护,而且还是对社会公共利益进行维护,这就要求个人信息权利人必须具备一定的社会影响力。个人信息作为一种特殊的资源,其财产价值也是客观存在的,它能够满足信息提供者或使用者进行商业行为的需求。然而个人信息的财产价值不是由个人信息所有人在社会中的影响力决定的,而在于个人信息本身。因此,个人信息的商品化是基于个人信息自身特点所形成的一种特殊的商业运作方式。个人信息可以体现个人特征,这些特性可在此基础上加工成一定的数据,信息处理者才有可能透过这些数据来发展其商业策略,确定其商业选择。个人信息所体现出的人格化信息是一种无形财产权,这种信息不仅包含了个人信息本身的内容还包括其他相关的利益,比如名誉、经济、社会地位以及身份识别等。个人信息之财产价值和具体人格权之商业价值,有着不同渊源,若仅因个人信息体现人格,则采用人格权商品化途径,从而达到个人信息财产权益保护的目的,但严重忽视了二者在价值来源上的根本差异。

(二)财产权路径

学界存在着许多主张以财产权来维护个人信息财产利益的呼声。这些看法还可细分为两大类,一类主张把个人信息完全置于财产权的保护之下,用财产权制度来达到个人信息人格利益和财产利益得到充分保障;另一类却认为应当区分不同情况来确定具体的保护标准,不能笼统地以财产权保护来作为唯一原则,而应以个人信息本身是否具有财产属性和其能否被合理开发利用作为判断依据。比如,一些学者主张将个人信息作为一个整体进行财产权保护,由于个人信息属于稀缺资源,个人要对其所带来的好处进行分配,且构建财产权可以规范个人信息的利用并促进信息的交易使用。这种理论虽然也具有一定的合理性,但却存在着明显的缺陷和不足。另一种是基于"二元论"的立法模式,认为个人信息权益可建构为人格权和财产权兼具的权利,个人信息财产性利益受其财产权保护。我国《民法通则》中没有规定个人信息的财产权属性,但在《民法总则》和《合同法》中都有所体现,以及关于个人信息用财产权进行保护等概念,欧美学者早在几年前就有了探讨。他们大多强调,在某些特定领域,个人信息具有一定程度的财产权特征。比如波纳斯把隐私权看作财产权的一个分支。他认为隐私权是一种独立于自然人之外的对他人信息不受非法侵扰并能加以利用和披露的能力。当代学者对个人信息财产权亦多持赞成态度,有人认为,把某物财产化后,所得超过的代价,要用财产权来维护这个东西,并验证个人信息满足该特征。

　　但通过财产权的方式对个人信息进行保护也受到了一定的异议。在此情况下,个人信息财产权是否应该成为一种独立的权利开始受到关注。一些学者认为个人信息财产化将会"触动法律主体人格尊严",可能有损人格尊严。有学者则提出,个人信息财产权是一种权利而非义务。在此基础上,对建构个人信息财产权持否定态度的学者则主张甚至给予个人信息财产权,个体也不可能真正掌握信息,不能实现财产权的权能。这些都表明,个人信息财产权并不是有效的,它与隐私权、姓名权一样属于一种相对独立的人格权类型。但这种观点其实并不足以解释个人信息财产权的无效性,相反,个人信息财产权需求得到强化。因为,个人信息作为一种特殊的财产权,其本身并不能带来任何经济价值。法律若设定某种绝对权利对个人信息非法使用加以限制之后,仍不能完全保护个人信息,然后,当不存在这种对非法行为进行约束的权利时,必然会加重信息处理者滥用个人信息,甚至给个人信息权益带来更大的危害。所以,对于个人信息财产权进行规制并不能保证其有效运行。关于个人信息财产权并不能真正"变现"的问题,一些学者建议，可在证券市场上利用经纪人制度来协助个人信息财产利益转化为经济收益。

（三）一般法益路径

它不同于绝对权的道路。一些学者建议以侵权责任法或合同法对个人信息的财产利益进行保护，还有学者提到，美国利用反不正当竞争法来维护这种财产利益的先例。我国在立法上虽然规定了对个人信息进行法律规制，但并没有明确地把个人信息财产利益纳入保护范畴，而是采取"责任"模式。以上保护路径均基于把个人信息财产利益视为一种法益，围绕"责任"建构个人信息保护制度，但这种保护方式是不能满足需要的信息时代保护个人信息的必要性。

很明显，普通法益形式下个人信息保护薄弱，因此，一般法益仅在权益受到侵害后才得到救济，而能够得到的只是损害赔偿的请求权。这也正是个人信息权制度得以存在并发展起来的基础和原因。信息时代的个人若仅能取得损害赔偿请求权，则不能处理信息处理者恣意利用信息。因此，个人必须借助专门的权利——个人信息权才能实现自己对个人信息的控制与支配。由于个别人员的资料通常不具有十分引人注目的财产价值，只有对众多资料进行甄别和集成，以获取具有明显经济价值的个人信息数据库。所以，当个人信息被大量收集、加工并发布时，其可能产生的巨大商业价值也就难以体现出来。损害赔偿请求权所根据之损害填补原则，应当对真实损害进行填补，以单条信息"廉价性"为依据，个人所得财产救济很小，不存在"惩罚性赔偿"制度，维权获得的补偿甚至超过了维权的成本，个体完全缺乏主动维权的动机，最后形成了个人信息肆意获取和使用的尴尬。在我国现有法律体系中，个人信息保护还存在着一定程度上的不足，个人信息侵权案件的数量逐年递增，但是司法实践却并没有为我们提供完善的解决途径。而当绝对权权能不足时，个体无权支配信息处理者，因而就无法在个人信息利用的前端进行"风险控制"，不可避免地加大个人信息权益受到侵害的可能性。

同时，它还和国际保护形式存在很大出入，在世界范围内普遍用权利来维护的潮流中，支撑我国特立独行地运用侵权法进行维护的原因缺失。因此，对于个人信息的法律保护问题必须结合本国实际情况进行研究。当然个人也可以借助合同法来达到控制个人信息的目的与财产权益的实现，但仅仅是"违约责任"也不能适应个人信息保护的需要。由于法律对于个人信息保护存在漏洞和不足，导致个人信息被非法获取并被滥用的现象非常严重，因此个人信息的保护问题已经成为一个世界性的难题。其原因在于个人信息受到侵害的一般情形为信息处理者私自搜集和使用他人个人信息，也就是先取得使用许可后违约者更少，侵权情况比较常见。由于信息使用者没有充分了解到信息获取人和信息提供者之间存在的复杂法律关系，所以在信息获取人未取得使用许可或未及时向信息提供者告知的前提下，个人信息极易受到侵害。除此以外，许多平台在要求个人信息授权规定也十分复杂，用户通常不仔细检查规则，快速单击确认，从而使用户更易受对平台有利合同条款的约束，当争议出现后，处于被动挨打的局面。此外，在个人信息泄露后，用户往往没有及时采取措施进行补救，导致个人信息遭到再次侵害。所以，若只以违约责任的方式对个人信息财产利益进行保护，个人的利益得不到切实的保障。在我国现有法律制度下，个人信息的财产权属于知识产权范畴。此外，用反不正当竞争法维护这种财产利益并不适合维护个人财产利益，由于个人一般都不是参加竞争的市场主体，所以不能以这种方式获得救济。

三、隐私经济学理论

（一）隐私保护的本质

在现代社会中，每个人都面临着来自各个方面的压力，其中之一就是对隐私的担忧。人都想通过选择性地揭露有关自己的真相，从而影响并操控身边的一切。在美国产权经济学家波斯纳看来，对隐私重要性估计过高，隐私保护着实实在在的事情，把这些实实在在的事情藏在心里，以私密的形式来进行保护，也许会形成对别人的欺骗。他指出，我们可以通过伪装，掩饰，隐瞒等手段来掩盖自己的隐私。很多打着隐私的旗号，无非就是企图掩盖人行为不体面的一面罢了，通过掩盖会使别人不愿意和我们发生不愉快的关系，以增加商业与社交机会。

自由主义者期望政府行为透明化，个人行为被掩盖，然而另一方面，国家安全机构希望个人行为透明化，政府行为可以被掩盖。这两种目标的冲突使他们产生一种矛盾的心理状态，即隐藏或暴露自我。完全透明可能破坏行动和规划，但完全覆盖会影响自由和安全。

当关系到国家安全时，波斯纳注意到隐私权益保护无足轻重，因为目前世界很不稳定和危险的。他认为，如果没有一个独立于政府之外的机构来监控和收集个人信息，那么国家安全将会受到威胁。所以国会应该授权国家安全局充分自由，让他们拥有查找任何资料的权利。如果政府不允许政府官员使用网络技术来收集和处理信息的话，那么他们将面临巨大的风险。从促进国家安全的角度看，检索资料有以下几个程序：第一，收集、截取和挖掘资料，当收集、截获或发掘的资料标记可疑时，人工检索、发掘信息的过程开始。其次是对这些信息进行分析和判断。波斯纳相信寻找电脑并不侵犯隐私。由于，检索程序不是一个可以被感知到的自身存在，只在人工检索干预下，才产生宪法及其他部门法中的法律问题。因此，在互联网时代，人们更多地关注个人隐私。然而隐私保护往往是恐怖分子的最佳助手。在网络社会中，黑客们通过各种手段搜集个人的信息和资料以达到他们自己的目的。互联网匿名性、其安全加密技术及以上二者的综合，均使其成为有力的密谋工具。在这个环境下，任何人只要想获取自己所需的信息和数据，就必须通过各种途径来获得。为保卫国家安全，政府对数字化检索和预防有着充分而具有说服力的原因和需求，这将造成情报人员对大量个人信息进行检查。因此，他们会在网上搜索有关个人和家庭生活的数据，并将这些数据输入电脑中存储起来。尽管，多数人并不喜欢陌生人触及有关他们私生活的细节，但是，如果较少地接触这些资料，并以专业的态度和精神对待这类资料，那么，人们侵犯隐私就会少一些。因此，当人们在社交网络中发现与自己相关的隐私时，他们会感到惊讶和害怕。就像医生给患者做体检，患者毫不介意，因为他们相信医生的职业操守。因此，对于情报工作者来说，最重要的就是如何对待个人信息隐私问题。波斯纳注意到人们可把期望寄托于职业情报人员的职业操守上。在这个世界里，人们更多关注自身隐私的时候是通过专业情报来了解他人的，而不是通过自己的经验和直觉。同时他也注意到人们在重视自己信息隐私时，还可以随时放弃隐私。因此，信息主体不应满足于仅仅为获取他人的私人信息而牺牲自我的尊严和人格价值，而应尽可能地减少或避免自己的私情暴露给社会而带来危害。在健康，财务，感情生活和其他私人信息并没有变成用来危害信息主体的手段的时候，信息主体只有在可以获得利益和方便的情况下会愿意公开个人的信息。如果情报部门的工作不能满足公众的利益需求，公众就有理由选择放弃。波斯纳相信只要情报人员是可信的，是为保卫国家安全而搜集的资料，那么打击恐怖袭击的能力也会得到增强，从而维护国家安全。

（二）窥探与隐私商品化

每个人都拥有个人信息。这些信息当中，有些是人们愿意付出代价来隐藏的，包括通讯的内容或某些关于他们的事实。有些信息对别人来说又有价值，因此他们愿意付出代价来获得这些信息。波斯纳指出，我们有两种经济商品：隐私和窥探。面对这两种商品，我们有两种选择：一种是将它们看作纯粹的消费商品，拥有终极价值；另一种是把它们视为中间商品，拥有工具价值。在后一种选择下，人们并不重视或需要隐私与窥探本身的价值。

波斯纳指出，我们应区分人们单纯地将隐私作为秘密来对待，将隐私隐藏的意愿与将隐私作为工具的意愿。很多情形下，人们对隐私进行隐藏的工具性价值往往与人们的需求及那些有损名誉的信息相关。隐藏的信息可能会给信息主体带来名誉损害，因此，信息主体对自己的信息会有隐藏、欺骗与操纵。如关于信息主体现在的或过去的不道德的行为或犯罪的信息。还有一类人们希望隐瞒的信息，不会损害信息主体的名誉，但一旦公开，会更正周围人的误解。如雇员向雇主隐瞒其所罹患的严重疾病、妻子向丈夫隐瞒其不孕的事实等。如果能进行坦诚的沟通，就会产生社会价值。人们能对自己的朋友或同事坦诚自己的想法，无须担心这些想法会暴露在竞争对手或不怀好意的人面前。同时也需看到，现实生活中，当言语愈是公开时，人们为确保言语中没有虚假或无意的诽谤所投入的时间或其他资源就会上升。

披露某些信息会使一些人付出代价，同时也会使得一些人获得利益。这一事实似乎支持赋予人们信息产权的主张，并允许人们自由地出售这些产权。交易的自由会促使信息得到最有价值的利用。但它的吸引力取决于以下两个因素：信息的性质、来源以及信息交易的成本。如果信息是社会有益活动的产物，那么强制进行披露就会降低人们进行有益活动的动机，这时这些信息的产权应划归给个人。但如果隐瞒信息会对他人形成误导，降低社会产出，那个人的信息产权应被剥夺。

波斯纳指出，经济学基础上的隐私权有如下三要素：第一，那些利用知识和技能的商业秘密需要得到保护；第二，个人的事实一般不应受到保护，如个人对自己的疾病、坏脾气及收入的事实不应拥有产权，尽管人们可以防止这些事实被某种过于侵入性的手段去发现；第三，对于侵入性的监视手段，如窃听等，应被该将其限制。

（三）隐私经济学理论的缺陷

波斯纳对隐私经济学的分析证明了隐瞒私人信息的行为具有经济动机，而涉足该领域的大多数学者都忽视了这一方面。有些人为了在一定程度上控制与其有社会交往的人，隐瞒个人信息并对此主张隐私，而另一些人通过窥探，导致那些隐瞒或不实陈述个人信息之人无法隐藏。隐私经济学理论中，波斯纳对禁止一定形式的监控所做的经济分析是有力的。我们应当承认，隐私经济学从交易成本的角度对隐私进行分析，确实有其价值。但该理论过分注重隐瞒或不实陈述。当然，隐瞒与不实陈述是隐私所具有的一种工具价值。但这只是隐私工具价值的一方面，隐私的其他工具价值还包括，作为有艺术创造力和创造性思想的工具价值，直截了当且富有成效的社会交往与智力沟通中的工具价值。另外，隐私还有重要非工具性的终极价值，最为重要的便是维护个人的独立人格和人性尊严的价值。尽管波斯纳承认工具性的价值和终极价值之间有区别，坦言经济学分析不能成功处理隐私蕴含的终极价值，但他的分析超出了他限定的范畴，并没有对这些区别进行妥善的区分。面对隐私经济学这一深奥理论，还有大量亟待完善的知识空白。

第三章 个人信息安全保护外部管理措施

如何通过外部管理来规避个人信息安全所面临的风险，是值得我们深思的。对于这个问题，本章从个人信息安全风险规制、个人信息安全技术规制、个人信息安全等级保护三个方面进行阐述。

第一节 个人信息安全风险规制

一、风险规制概述

根据英国学者胡德、罗斯坦，以及加拿大政治家鲍德温（Hood、Rothstein& Baldwin）的研究，风险规制可以定义为"政府干预市场或社会过程来控制潜在的不利后果"。

风险规制由三个要素组成：标准设置、信息收集和行为修正。美国学者亚沙诺夫认为风险分析/评估的目的是设置安全标准，这些安全标准需要通过足够的信息而确定，通过它们触发风险控制和缓解措施。

简而言之，风险规制可以被描述为一种用于决策的工具，其目的在于通过创建知识驯服未来不确定的事件，使它们变得确定并可控。风险规制强调风险知识与风险控制之间的联系。也就是说，风险规制包含两层含义，一是风险规制由知识收集和风险控制两方面组成。风险规制不仅仅是预防风险和采取事前措施。对风险的知识和理解在风险管理活动中发挥核心作用。二是风险知识和风险控制是共存关系。风险知识是风险控制的必要条件，而控制本身就是风险理解的终结。这就是为什么数据保护领域若干风险缓解措施包括了收集知识，比如英国的数据处理登记和瑞典的数据处理许可。

二、个人信息安全的风险规制

如果将风险规制视为一种确定不确定性的决策工具，那么其核心即是风险分析，即包括了预测未来（一般通过统计和概率实现）以及在此基础上做出决策两个步骤。可以说，任何与风险有关的决策涉及两个截然不同又不可分割的要素，即客观事实和主观观点。风险分析涉及的预测和评估，是一种需要具体实施方法的抽象技术。英国学者克里斯托弗·胡德（Christopher Hood）等学者将风险分析定义为："应对风险的一系列相关活动，包括如何识别和评估风险，以及如何监控和评估应对风险的社会干预。"[1]

风险分析包括两个步骤，风险评估和风险管理。风险评估衡量风险水平（通常根据可能性和严重程度），而风险管理的重点是决定是否承担该风险。风险管理的决策通常伴随着旨在降低风险水平的措施。比如风险水平过高时，可以采取措施降低到可接受的水平。这些措施被称为风险降低、风险控制、风险响应或者风险缓解措施。其核心问题是强调"什么样的行动对风险结果有什么样的影响"。也就是说，对于每个具体的、场景化的风险，风险分析必须决定什么是最有效的风险缓解措施。

（一）个人信息的风险评估

个人信息处理的风险评估的目标是判断是否存在风险，即所涉的个人信息处理是否足以被视为风险。风险评估包含两个子步骤，制定风险标准和识别风险。制定风险标准要考虑危害类型，如何确定风险等级等。识别风险是根据标准确定某项个人信息处理行为是否具有风险，也就是"发现、识别和描述风险的过程"。只有在将事件视为风险时，才会根据风险评估的目标，对风险的严重性和可能性进行评估。因此，通过将事件的特征与风险标准中规定的特征进行比较，即通过平衡其风险程度与风险标准中的风险程度，来判定事件是否具有足够的风险。

虽然风险评估的实施并没有统一的标准，但是制定风险标准仍有其基本的原则。首先，风险标准的确立应判断风险源自哪里，也就行为可能会损害的法益。

---

[1] 张衡. 大数据时代个人信息安全规制研究[M]. 上海：上海社会科学院出版社，2020.

大数据环境下的个人信息处理行为，包括系统性监测、大规模的数据画像、敏感数据的分析、弱势群体的个人信息处理等行为，都涉及个人的基本权利和自由。因此，立法者倾向于将涉及基本权利与自由等法益的数据处理行为判断为高风险行为。我国制定的个人信息出境评估规则，关注的法益在于个人信息在境外是否能够得到妥当的保护，包括是否可能因保护水平过低而损害个人权益，是否会在境外遭到滥用，是否可以得到救济等。因此，判断个人信息跨境风险的标准与大数据处理的风险标准显然是不同的。

（二）个人信息的风险管理

风险管理的核心包括：一是对风险进行成本效益分析，也就是在风险有关的损害与风险有关的利益之间取得平衡；二是通过采取降低风险的措施，将风险降低到可接受的程度。

风险降低是风险分析领域的经典术语。风险降低的目标为了降低风险水平。欧盟的监管者认为，如果数据处理对自然人的权利和自由造成很高的风险，比如那些涉及数据自动处理、大规模实处敏感个人信息，或对公共可进入地区进行大规模的系统监测，则需要对个人信息处理活动进行系统和广泛的风险评估。此外，一旦发生数据泄露事件，数据控制者必须迅速通报数据泄露事件，以防止事后的数据滥用。

虽然风险规制并不是一个新概念，风险规制作为一种核心的执法模式，主要依靠数据控制者予以实施。此外，除了数据处理安全义务和数据保护影响评估义务以外，风险规制也已扩展和体现在其他执行措施之中，比如设计保护数据、处理活动记录等。

我国《信息安全技术个人信息安全规范》规定的风险控制措施较为模糊，仅要求"组织需根据业务现状、威胁环境、法律法规、标准要求等情况持续修正个人信息保护边界，调整安全控制措施，使个人信息处理过程处于风险可控的状态"。标准并未对组织如何修正个人信息保护边界，如何调整安全控制措施提出更为明确的指导。

三、个人信息安全风险规制的完善

风险分析中的场景化方法能够为每项数据处理操作评估和确定最适当的保护措施。比如针对大数据画像实践，通过风险分析可以更好地识别风险，从而选择更有效的保障措施。然而，风险分析方法赋予数据控制者大量的自由裁量权，由其决定是否承担该项风险以及采取哪种保障措施。

（一）风险规制的民主协商与正当程序

个人信息保护的风险规制最初借鉴于环境风险规制的理论和实践。目前来看，对个人信息安全风险的评估和规制还刚刚起步，尤其是程序上如何借鉴环境风险规制的做法值得关注。环境风险规制的关键工具——环境影响评估（EIA）程序有助于人们更好地处理大数据应用中产生的矛盾，并改进监管方法。

英国法律研究学者伊丽莎白·费雪（Elizabeth Fisher）提出的"行政宪政主义"范式，风险规制需要兼顾"理性—工具范式"和"商谈—构建范式"[1]。通过良好的组织和程序结构，同时容纳科学的精神和民主的抉择，并促进两者的互动。环境风险规制发挥作用需要三方面的支撑，一是监管机构/技术官僚主导，二是公众参与民主协商，三是确保正当程序。

首先，技术型官僚在环境风险规制中处于主导地位。在环境影响评估程序中，监管机构在风险甄别程序中发挥了决定性的作用，确保环境影响评估只针对可能对环境产生重大影响的项目，通过定义范围和环境信息的详细程度确定评估的范围，并记录在环境影响评估报告之中。比如，在欧盟，环境开发者必须向监管机构和公众提供大量信息，并与公众或监管机构进行协商。此外，环境影响评估还需要在监管机构的主持下公开协商，并且需要有技术专家的参与。监管机构负责决定是否批准该项目，并考虑协商的结果。公众可获知监管机构的决定，并可以通过行政诉讼机制对监管机构的决定提出质疑。

其次，通过协商民主加强环境风险决策的公信力。民主的本质是协商，协商民主强调通过对话、交流、讨论等方式实现公民对现代公共生活的自由、平等的

---

[1] （英）伊丽莎白·费雪.风险规制与行政宪政主义[M].沈岿，译.北京：法律出版社，2012.

参与。环境风险规制中的民主协商实质上是一种协商性的环境民主参与机制，公众通过合法程序参与到环境风险规制决策的对话与协商之中，并对决策产生的影响实施监督。环境风险决策涉及不同的利益相关方，不同群体的公民之间也会有不同的环境利益诉求，通过充分协商，才能使各方利益得以表达，从而确立决策的公信力。

最后，通过正当程序实现最低限度的公平要求。德国社会思想家哈贝马斯的公共商谈理论关注的核心就在于确定正当程序机制，增加透明度，使公众享有平等的知情权、陈述权，以程序正义保障实体正义。环境风险规制的信息透明和决策公开可以防止权力滥用。通过环境听证等程序的设置来赋予公众陈述意见、提出异议的权利。

（二）风险规制的专家评估与监管

大数据时代，个人信息风险的评估和管理仍然处于混沌、复杂和不确定阶段。强大的数据控制者不愿意公开其数据处理的意图和行为，这样会增加工险评估和管理的困难。因此，个人信息影响评估必须重新设计风险评估方式，将权力和能力重新适当地赋予数据保护监管机构。

尤其是大数据环境下，网络运营者对个人敏感信息的大规模利用、人工智能算法黑箱与算法操纵等高风险的数据处理行为，需要赋予监管机构审查权限，防止数据滥用，侵害个人利益和公共利益。我国当前个人信息倡规则过多地依赖于告知同意原则，将其作为个人信息处理的主要合法性基本实际上难以解决大数据场景下数据自动化决策以及从非直接来源获得人的数据集的分析和再利用带来的风险。将解决大数据时代个人信息安全的责任交由数据控制者，并由数据主体进行自我保护，减弱数据保护监管机构的价用，这些做法是否能够应对大数据时代个人信息面临的风险是有疑问的。

当然，从务实的角度来说，监管机构在认识技术进步的后果方面存在局限性。借鉴已有的风险规制的经验，实施独立的专家评估是分析企业和政府如何利用大数据技术收集和利用个人信息并评估其内在风险的核心举措。

比如，监管机构可以通过技术专家对大数据算法实施审计，作为验证算法功能的先决条件。对于可以预测对人的影响的分析算法，算法审计通过使算法决策记录获得额外的优势。这一点在数据保护监管机构放松对数据处理中的控制时（比如不再要求进行数据处理登记），显得尤为重要。此外，增加人数据算法透明度的技术也正在开发之中，但还需要构建这方面现实的监管机制和适当的标准。

（三）个人信息安全风险规制的民主参与

目前，各国的数据保护影响评估程序中都缺乏公众协商与参与机制。人数据应用所产生的风险虽然表面看来涉及许多技术问题，但仍需要更多的参与机制，以便公众更好地认识和应对这些风险。现有的环境风险规制重要的是引入了与公众的风险沟通和公众参与机制。利益相关者和公众获得充分的信息，并在项目早期即参与决策过程中，以构建公众信任。风险规制理论强调了将风险分析和具体场景下的知识及受决策影响的公众的看法以及合起来的重要性。没有系统科学分析的讨论是空洞的，但是另一方面，鼓励公众意见的讨论将助长不道德的行为。

在风险规制理论和实践中，人们设计了各种公众参与方法。这些方法与性质和各国的监管文化相关。公众参与机制包括公民陪审团、公民小众商会议、焦点小组（foucs groups）、公开听证会等。与其他新兴技术，比起基因生物、环境影响项目等引发的社会关注相比，信息通信技术发展带来风险，特别是大数据技术带来的社会风险可能被低估了。

从互联网作为一种交流工具的角度来看，在讨论互联网、大数据应用业的风险方面，它并没有被视为一种交流工具，更不用说是成为一种公众参与的交流工具了。互联网数据控制者在个人信息处理方面的不透明做法会阻碍公众对于大数据处理的理解，尽管数据控制者可以辩称，但其在隐私政策中也提供了相关的信息。

从个人信息保护制度建立以来，这项制度一直采用个人主义的路径，即赋予主体以控制权。比如 GDPR 赋予的数据主体访问权、修改权、反对权、被遗忘权（删除权），均被作为重要的法律实施路径。然而，数据主体通常无法预测个人数据处理带来的风险并采取相应的行动，因此，人们提出，除了对于具有潜在风险的产品实施影响评估以外，还应鼓励用户实施有组织地防御。比如"集体隐私"

（group privacy）这一概念，使人们找到自我组织的方式，采集体行动捍卫自己的权利。

第二节 个人信息安全技术规制

早在 2002 年，就有学者提出，仅仅依靠法律来应对隐私保护的挑战是不够的，必须辅之以其他政策工具，特别是技术政策工具。他们提出采用政策工具箱包括了行为守则、隐私标准、隐私签章等，以补充法律的不足。

一、技术标准与合作规制

（一）技术规制与国家权力

传统认为，技术规制包括的一系列标准，比如行为准则、技术标准、认证、签章和信任标记等，这些都是企业的自我规制工具。

与立法相比，技术规制标准发展进程更快、技术适应性更强、更易为产业者所接受。首先，一般来说技术规制标准是非立法性的，无须经过严格的、冗长的民主程序而制定。其次，技术规制标准往往由产业者提出或主导，对新技术新应用的响应性更快。再次，技术规制的主要目的不是放松规制或去规制，技术规制不能取代法律和监管机构的权力，而是构建规制参与者的框架，发挥主体的能动性。在技术标准的制定过程中，往往有广泛的市场参与者；标准也是开放使用的，只要愿意，任何实体都可以自由地遵守。随着欧盟个人信息保护立法将"设计保护数据""默认保护数据"规定了法律的强制性义务，技术规制不再仅仅是企业的自律机制，而成为个人信息安全领域公私合作规制的重要形式。

在个人信息安全领域，技术规制与国家权力的关系分为三种：一是被权力认可的自我规制，也就是在法律规范中予以认可，成为监管的依据；二是独立于国家权力的自我规制，由市场行为者主导；三是介于上述两者之间的合作规制模式，由政府和行业公共起草规则并执行监督。

技术性的自律规则往往是由行业主导制定的，这使其更易受到这些利益相关方的欢迎和采纳。然而，上述特征亦可能对消费者和个人构成挑战。

比如美国联邦贸易委员会就提出，其仅有40名雇员，无法承担消费者数据保护的职责，因此他们要求美国国会为其增加人力。业主主导的技术规制标准可能无法充分保护所有利益攸关方的权利，可能无法实现公共目标。此外，从商业角度来看，如果自律规则不能保证遵守法律，那么纯粹的自我规制也无法吸引足够的行业者参与。因此，行业与政府的合作规制便成为更有灵活性和扩展性的选择。比如，欧盟委员会就强调，合作规制允许有关各方根据立法者确定的目标制定执行措施。

美国学者劳伦斯·莱斯格提出了"代码即法律"是法律与技术融合的经典论断。大数据时代个人信息安全的规制，难以脱离技术而实现。对个人信息处理行为的规制往往意味着需要针对具体的技术措施，处理不同的技术对保护个人信息的影响。由此，公私合作下的技术规制成为合作规制的一种重要路径，并且被认可为保护隐私和个人信息的有效方式。

（二）技术规制的历史进程

自20世纪90年代起，信息技术的普及应用，推动了政府和企业越来越多地采用具有隐私侵入性的技术实施社会管控和商业经营。在欧盟1995年数据保护指令的影响下，从法律视角理解隐私和个人信息保护规制成为许多国家的重要议题。与此同时，关于隐私保护技术解决方案也开始进入监管与研究的视野。设计保护隐私（PbD）、隐私增强技术（PET）、隐私影响评估（PIA）等概念与技术开始出现并得以应用。为了应对数据过度处理带来的风险，监管者提出了影响隐私评估的要求，并提出，通过改变技术设计可以减轻风险评估中发现的权利侵害。隐私增强技术（PET）标志着隐私和个人信息保护从传统的法律规范向技术保护隐私转向。软件和信息系统的开发者在工程设计的不同阶段都要考虑用户的隐私保护。这些隐私增强技术的核心就是通过匿名化和最大限度减少个人信息的使用来保护人们的身份。

技术与隐私的交互开辟了一个新的领域。法律相对于技术发展难以避免的滞后性被认为是法律规制的不足。劳伦斯·莱斯格在《代码：塑造网络空间的法律》

一书中提出了"法律（政府）、市场、准则（社会规范）、架构（代码）"的网络治理模型，将代码描述为规制个人行为的替代性选择，由此展开了法律和技术作为监管工具的激烈学术辩论。

从21世纪开始，信息通信技术越来越成为全球范围内经济变革的主要推动力，数字经济全球化发展和融合对统一的隐私标准产生了很大需求。各国的监管部门开始推动构建IT系统隐私标准和原则的国际合作。例如，2007年关于使用隐私技术开发国际标准的蒙特利尔决议，2009年的马德里隐私声明等，倡议法律对技术发展的监管，同时将技术设置作为法律监管的补充。

近年来，个人信息保护领域的标准化活动幅度加大。2011年，国际标准化组织（ISO）"身份管理和隐私技术"工作组推动制定了ISO/IEC29100《信息技术隐私框架》，通过关注个人数处理，加强了现有的安全标准。2014年，国际标准化组织（ISO）和与国际电工委员会（IEC）制定了保护个人信息的云计算技术标准ISO/IEC27018：2014。目前，国际标准化组织ISO的信息安全分技术委员会（ISO/IECJTCC1/SC27，SC27）与大数据安全、个人信息保护相关的标准和研究项目多达20项。我国信息安全标准化技术委员会于2016年成立大数据特别工作组，推动包括GB/T35273—2017《信息安全技术个人信息安全规范》、GB/T86274—2017《信息安全技术数据服务安全能力要求》等多项数据安全相关标准的制订。

（三）公私合作的技术规制模式探索

公私合作的技术规制并非新事物，但是在个人信息安全领域，合作规制是目前各国数据保护法改革的方向。尤其是欧盟在《通用数据保护条例》中将"设计保护数据""默认保护数据"等技术管理规则纳入法律强制性要求，开启政府与行业互动合作的技术规制路径。

首先，欧盟的个人信息保护技术标准一直是由欧盟官方主导。2015年，欧盟委员会向欧洲标准化组织提出，要求其制定隐私管理标准。同时，欧盟也提出了"设计保护隐私"的技术规制标准。2015年，欧盟委员会授权欧洲标准化组织内网络服务提供商制定标准，同时也为软件和信息系统开发商制定标准。同样，欧洲委员会《ICT标准化动计划（2013—2017）》提出，隐私与技术的交叉研究是物联网、大数据、智能电网、智慧城市等欧盟数据单一市场关键技术领域的重点课题。2011年和2013年，在欧盟委员会、欧盟成员国数据保护监管构、产业和学术界的共同努力下，欧盟构建了两个"设计保护隐私"的模板。

其次，通过立法将技术规则上升至法律强制性要求。在欧盟《通用数据保护条例》的立法辩论中，在ICT系统中适用"设计保护数据""默认保护数据"得到了广泛的探讨，最终落实在《通用数据保护条例》第25条，成为强制的法律义务。

再次，监管者与行业共同构建技术规制的方法论。抽象性的法律原则要技术规范明确其实施路径。这不仅需要立法者的解释，而且还需要产业界的最佳实践为引领和补充。由数据保护监管机构、技术开发者、企业、标准开发组织和隐私倡导组织组成的国际网络，正在努力构建"设计保护数据""默认保护数据"的方法论，以技术规制弥补法律规制的滞后性。

在大数据产业链中，众多的参与者已经开展"设计保护数据"和"默认护数据"等技术标准的制定。但是如何将法律的抽象规则与具体的技术要相结合是我们面临的挑战。在将这些概念与设计联系起来时，监管机构和立法者可设定总体目标，以保护基本权利，同时与产业合作，共同制定工程技术、标准和技术规范。

二、"设计保护数据"的技术规制要点

"设计保护数据"是一个新型的法律和技术概念，2012年美国联邦贸易委员会的文件中对"设计保护隐私"有这样的表述："企业应当在整个组织和所有产品和服并开发的各个阶段推动消费者隐私保护。"

欧盟《通用数据保护法》第25条规定了数据控制者实施"设计保护数据""黑人认保护数据"的积极的法律义务，包括实施组织和技术措施，确保数据处的整个生命周期中都符合法律要求。参考欧盟的法律规定，"设计保护数据"的技术规制要点可以分为以下几个方面。

（1）适当的技术和组织措施

"设计保护数据"的义务承担者是数据控制者和数据处理者。GDPR第2条

第 1 款规定了数据控制者必须采取适当的技术和组织措施。即使法律并未明确数据处理者承担此项义务，但鉴于数据处理者是最接近数据处理活动的主体，因此该义务也自然扩展至数据处理者，这样才能真正实现数据处理全生命周期的"设计保护数据"。"设计保护数据"规则的落实，其关键点是明确"权利和自由的风险"与"适当的技术和组织措施"之间的联系。

数据控制者负责识别数据处理中的风险，并自行选择适当的技术和组织措施。

（2）实施数据保护原则并保护数据主体权利

数据控制者实施适当的技术和组织措施是"设计保护数据"的核心，这些措施应当依据数据保护原则进行设计，并满足保护数据主体权利的目的。GDPR 所提出的数据保护原则包括了合法性原则、公平和透明原则、目的限制原则、数据最小化原则、准确性原则、存储限制原则、完整性和机密性原则、问责原则等。

根据 GDPR 第 25 条，数据控制者采取的适当措施还必须"整合必要的安全防护措施"，以保护数据主体的权利。这些权利包括知情权（告知）、访问权、删除权（被遗忘权）、限制数据处理权、数据可携权、反对权、不受数据画像和自动决策约束的权利等。此外，数据控制者还需要为数据主体提供透明度机制，并在规则范围内为数据主体提供个人信息的控制机制。

（3）以有效的方式实施

"有效性"在个人信息保护语境下，是指确保有效保护个人信息。"有效性"往往与"问责原则"相联系。数据控制者应当在个人信息相关的处理和系统中直接按自动化、半自动化甚至手动的控制措施。如果控制措施设计得当，那么"有效性"就是评估数据处理和系统的一个参数。

评估个人信息保护的技术和组织措施是否有效，可以从以下方面测量：是否确保个人信息处理活动以合法、公平、透明地进行？收集人数据是否与特定的、明确的、合法的目的完全相关，以及是否以不符合目的的方式进行了处理？收集和处理个人信息是否充分、相关，且仅与处理目的相关的必要数据？数据控制者是否确保个人信息准确、必要持续更新？是否可以验证个人信息的保存没有超过达成个人信息处理所必需的时间？控制者采取了哪些具体措施，以确保个人信息安全的处理个人信息？

有效性评估往往是处于场景化之下，取决于个人信息处理的背景和范围。此外，它还需要具备风险管理经验的法律和技术专家作判断。用于衡量有效性的模型极有可能是从业务最佳实践中发展并由数据保护监管机构的数据保护认证机制予以批准的。

三、"默认保护数据"的技术规制要点

"默认设置"是指用户预先设置最适合的隐私保护配置。例如，网络浏览器可以通过数据保护友好设置在某种程度上限制网络在线追踪。"默认设置"在某种程度上依赖于"设计保护数据"机制，而"设计保护数据"则独立于"默认保护数据"。"默认保护数据"是数据控制者在建立合法数据处理理由后实施的义务之一，它的规制要点包括以下几方面。

（一）个人信息数量最少

为了尽量减少收集和进一步使用个人信息，数据控制者可以考虑以下最佳实践：

1. 数据越少越好

这是数据最小化最广为所知的实践。在直接向数据主体收集个人信息（比如要求用户通过网上表格填写个人信息）的情形下，数据保护友好型的默认设置就是减少收集个人信息的数量，只有那些符合特定目的的必要数据才应当强制要求填写。此外，如果要求标准化的数据值，最佳的做法就是为用户提供可选择的数据列表，而不是一个文本空格，让用户填入不必要的个人信息。

2. 目的细分的数据收集

在某些情况下，数据处理的不同阶段存在多个子目的。最佳的做法是默认设置并遵循子目的予以细分。例如，在电子商务场景中，浏览网上商店的用户将首先决定购买哪些商品，然后才会被询问姓名和送货地址。有时候，数据控制者可能会要求用户填写电话号码、出生日期等信息。尽管电话号码可能在配送中是实用的，出生日期在某些支付方式中也是必要的，但是也只有在用户选择上述功能时才需要收集。

3. 使用隐私增强技术

在一些情况下，数据最小化可以通过使用安全和隐私增强技术来实现，比如假名化或加密技术。在电子商务场景中，在某些受年龄限制购买商品时（比如酒类），一般认为出生日期是必要的。需要注意的是，在这一情形下，年龄并不需要确切的出生日期，甚至不需要出生年份。隐私增强属性的证书或身份证卡的类似功能可以验证"成年"的条件是否满足，而且只传输结果而不是获取确切的日期。在这方面，基于零知识证明（ZKP）的密码技术也可以发挥作用。如今有很多隐私增强技术可以用最小化数据收集来减少用户的可识别性。

4. 最小化风险

确定个人信息的最小数量，不仅与数据的大小相关，而且其目标应当是最小化风险，也就是比之敏感数据应当更偏向于处理较不敏感的数据。同样的，匿名数据应当优先于假名数据。例如，对于视频监控数据，结合生物特征分析的高分辨率人脸数据比低分辨率影像或模糊的人物图像更为敏感。安全和隐私增强技术的使用可以极大地支持实现这一目标。

5. 考虑所有数据的副本和类型

默认数据保护所要求的数量最小化要求还包括尽量减少数据的临时副本或数据的转移。同样的，日志中生成的个人信息，如果对于目的而言不是必需的，则默认情况下不应存储。

（二）个人信息处理范围最小

1. 处理越少越好

数据处理最低限度的要求并不意味着减少操作的次数，而是尽量减少自然人权利和自由造成的风险。例如，如果个人信息足够完成处理目的了，就应当避免进一步记录和存储个人信息。如果足以实现数据处理目的，那么在主存储器中处理数据比在存储设备中处理要更好。通常，这更像是一个设计决策，而不是可变的默认设置。它描述生产者在不需要永久存储的情况下如何避免永久存储。

就用户访问网站的目的而言，数据保护友好型的默认设置应当避免为用户跟踪和数据画像而处理个人信息。以分享照片为目的就无须默认设置效照片中的元数据（例如位置数据或相机数据）。此外，这一目的下，给人打标签或者进行面部生物特征分析也不是必要的。因此，当前一些社交网络不应将上述处理行为设置为默认。在智能电表场景下，并不需要每隔数秒向服务商传输能源消耗数据，间隔时间可以大得多，由此可以减少数据处理程度及数据主体的风险。然而，在所有场景下，用户都希望改变设置，以供其他潜在数据处理目的的选择，例如个人化的服务。

2. 用户授权工具

数据处理程度的限制与数据控制者提供的适当的工具密切相关，主体可以利用这些工具行使其权利，包括数据主体的知情权，从而实现数据权利的有效便捷访问。显然，"较少的处理"包括了"较少的数据""较少的存储"以及"较少的访问性"。

（三）个人信息最短存储期

个人信息的存储期限应当尽量缩短。有时候，永久存储根本没有必要。一般来说，根据处理目的存储的数据到达一定期限后应当删除。这一要求不仅适用于数据库中的数据，还包括临时副本或登录日志中的个人信息，其存储时也应当最小化。

例如，数据控制者进行在线消费者调查的最佳做法是，将消费者的答复默认设置为不存储在本地计算机中（一旦消费者提交了其调查问卷），以避免消费者及其答复之间的联系。在不需要保留用户身份，特别是在计算机被多个用户使用的情况下，这一点尤为重要。当然，这类措施还需要辅之以其他保护措施，尽可能地减少用户的可识别性。

（四）最小化访问个人信息

1. 基于必要性限制访问

最小化访问显然与访问策略与访问控制有关，数据控制者根据"需要知道"原则设计访问策略和访问控制。这种控制可以通过分离每个用途的数据实现。更重要的是，定制的访问权限支持这一目标。

2. 限制分享的方式

数据控制者应当评估不同的数据共享方式，并且在可能的情况下尽可能减少数据共享。如果个人信息被复制、转移给其他接收者、提供给特定的朋友发布或提供给搜索引擎爬虫或其他个人信息处理者，数据访问就会增加。

3. 个人信息不得默认公开

GDPR 第 25 条第 2 款规定，只有在个人干预之后，才允许不限数量的人访问个人信息。该条款的目的是防止个人信息被默认公开；公布个人数据的前提是数据主体在充分知晓个人信息处理的情况下采取有意识的行动。

例如，对于社交网络而言，最佳做法可能是将自动访问个人信息限制在本人的一小群朋友范围内。范围扩大将会导致"不限数量的自然人"公开个人数据或者被全球互联网搜索引擎访问。

按照这一逻辑，互联网搜索引擎应当被默认限制访问社交网络数据。数据控制者的最佳做法是，在默认情况下，这些数据不与其他应用共享，仅在用户明确授权的情况下才提供。此外，关于通过搜索引擎公开个人数据的问题，一般的良好实践是，数据控制者应当考虑限制网站的可检性。

第三节 个人信息安全等级保护

个人信息的分级主要对应个人信息的保护技术、方法、机制以及管理要求的不同应用。数据的分级主要对应数据的保护技术、方法、机制以及管理要求的不同应用。个人信息的分级一般可以参考个人信息的价值、个人信息的敏感程度以及个人信息泄露或篡改后所造成的影响。

一、基于敏感程度的个人信息分级方法

个人信息根据其敏感性不同对个人有着不同的意义。个人敏感信息是指一旦遭到泄露或修改，会对标识的个人信息主体造成不良影响的个人信息。各行业个人敏感信息的具体内容根据接受服务的个人信息主体意愿和各自业务特点确定。

例如，个人敏感信息可以包括身份证号码、手机号码、种族、政治观点、宗教信仰、基因、指纹等。因此，可以根据个人信息的敏感性对个人信息进行分级，并进行分级保护。以电信行业为例，基于敏感程度的个人信息分级方法可以按照如表3-3-1所示的方法进行分级。

表3-3-1 基于敏感程度的个人信息分级

级别	信息内容	信息举例
第1级	业务订购关系	业务订购信息、业务注册时间、修改、注销状况信息、违规记录数据
第2级	消费信息及账单	停开机、入网时间、在网时间、积分、预存款、信用等级、信用额度等
第3级	普通服务身份标识和鉴权信息	电话号码、账号、邮箱地址、用户个人数字证书以及服务涉及的密码、口令、密码保护答案等
	服务内容信息	电信网和互联网中的服务数据，包括但不限于电信网服务内容信息，如通话内容、短信、彩信等互联网服务内容信息以及即时通信内容、互联网传输的涉及个人信息的数据文件、邮件内容等
	用户私有资料数据	用户云存储、终端、SD卡等存储的用户文字、多媒体等资料数据信息
	私密社交内容	对特定用户群体发布的社交信息，如群组内发布内容、设置权限博客内容等
	服务记录和日志	服务详单，如语音、短信、彩信等电信业务服务详单，可能包含主叫号码、主叫位置、被叫号码、开始通信时间、时长、流量信息等；互联网或移动互联网业务使用情况等，如Cookie内容、服务访问记录、网址、业务日志和网购记录等
	设备信息	硬件型号、唯一设备识别码IMEI、设备MAC地址和SIM卡IMSI信息等
第4级	用户基本资料	姓名、证件类型及号码、年龄、性别、职业、工作单位、地址、宗教信仰、民族、国籍等
	联系人信息	通信录、好友列表、群组列表等用户资料数据
	位置信息	用户所在的经纬度、地区代码、小区代码和基站号等
第5级	身份证明	身份证、军官证、护照、驾照、社保卡等影印件
	生理标识	指纹、声纹、虹膜、脸谱等
	交易类服务身份标识和鉴权信息	各类交易账号和相应的密码、密码保护答案等

二、基于保护能力的个人信息分级方法

在个人信息安全实践过程中，个人信息主体对个人信息拥有个人信息所有权，个人信息控制者对个人信息拥有控制权。因此，个人信息主体或个人信息控制者根据自身利益的需求，对个人信息采用不同的个人信息保护措施。个人信息可以根据保护措施的要求进行分级，如表 3-3-2 所示。

表 3-3-2 基于保护措施的个人信息分级

级别	定位	保护措施分级要求
第 1 级	低敏感	实施基本的技术和管理措施，确保个人信息生命周期安全，如对个人信息进行了去标示或匿名化处理。第 1 级个人信息可以直接对外开放，但需要考虑对外开放的个人信息量及类别，避免由于类别较多或者个人信息量过大，导致能够用于关联分析。
第 2 级	较敏感	实施必要的技术和管理措施，确保个人信息生命周期安全，建立个人信息安全管理规范。第 2 级个人信息在满足相关条件（如个人信息主体的同意）的前提下，可以对外开放。
第 3 级	敏感	实施较严格的技术和管理措施，保护个人信息的机密性和完整性，确保个人信息访问控制安全，建立个人信息安全管理规范以及数据准实时监控机制。第 3 级个人信息在满足相关条件的前提下，可以对外开放。
第 4 级	极敏感	实施严格的技术和管理措施，保护个人信息的机密性和完整性，确保数据访问控制安全，建立严格的个人信息安全管理规范以及数据实时监控机制。第 4 级个人信息严禁对外输出。

三、基于损失的个人信息分级方法

《网络安全法》规定我国实行网络安全等级保护制度。我国信息系统应遵照网络安全等级保护制度进行定级。其中，我国信息系统定级是考虑信息系统受到破坏后，对国家、社会秩序、公共利益以及公民法人和其他合法组织的合法权益造成的损害进行定级。

因此，参考我国成熟的网络安全等级保护制度，个人信息也可以从个人信息泄露、篡改等对个人造成的经济损失与精神损失的程度进行分级，如表 3-3-3 所示。

表 3-3-3　基于等级保护思想的个人信息分级保护要求

经济损失程度	第 3 级	银行账号及密码、信用卡号、有效期限、金融网站的账户及密码、支付网站的客户登录账号及密码、支付网站账户信息	遗书	犯罪前科、黑名单
	第 2 级	护照信息、购买记录、ISP 的账号及密码、账号号码、信用卡账号、金融网站的账号及密码、印章证明文书、安全认证号码、服务申请信息	年收入、个人所得税、财产状况、建筑物、土地、余额、欠款、社会保障信息、借款状况、购买记录、奖金、捐款	
	第 1 级	姓名、住址、出生年月日、性别、户口本信息、邮箱地址、医疗保险号码、驾驶证号码、员工号码、保险信息、工作单位、学校名、职务、职业、身高、体重、血型、身体特征、照片、肖像、声纹、体力测定、家庭构成、网络账户名、患者号码、就诊科目、账单	健康诊断结果、心理测试结果、性格判断结果、病历、手术史、怀孕史、看护记录、治疗方法、身体检查报告、DNA 信息、生物特征信息、人种、国籍、兴趣、爱好、民族、职业经历、职业赏罚记录、学历、成绩、考试分数、日记、邮件内容、位置信息、恋爱信息	政党、政治见解、工会状况、思想、宗教、病历、过敏史、感染史、智力信息、精神测试信息、性生活信息等
		第 1 级	第 2 级	第 3 级
		精神伤害程度		

2016 年 12 月，国务院印发《"十三五"国家信息化规划》，提出应制定政府数据资源管理办法，推动数据资源分类分级管理。个人信息作为重要的数据资源，应依据国家"十三五"规划的要求进行分类分级管理。

个人信息分级的目的是更好地保护和利用个人信息，因此，针对个人信息的不同级别应采用不同的保护措施。基于网络安全等级保护制度，个人信息的保护应该采用分级保护，对于不同级别的个人信息也应采用不同的保护措施。结合网络安全等级保护制度，针对个人信息收集、个人信息存储、个人信息处理、个人信息转移、个人信息公布、个人信息删除与销毁等个人信息的生命周期，提出个人信息安全分级保护要求。

第四章 个人信息安全保护内部管理措施

结合个人信息的特点和可能面临的风险，本章从信息安全个人风险管理、信息安全主动防范意识管理、信息平台应用隐患管理三个方面分析个人信息安全管理的有效性，从内部构建风险管理运行措施，减少个人信息安全风险带来的损失。

第一节 信息安全个人风险管理

一、风险及风险管理

（一）风险

风险的基本含义是损失的不确定性。这种不确定性包括风险发生与否、发生时间、发生过程和发生结果的不确定性。风险具有客观性、突发性、多变性、相对性和无形性的特征。客观性是指风险的存在不依赖于人的意志和愿望。突发性指由于风险的不确定性，无法精确预知风险何时发生。多变性指的是风险因素的性质、破坏程度呈现出发展变化的动态特征。相对性指各单位对风险承受能力受其规模大小、经费多少等因素的影响而不同。无形性是指大多数风险不能非常准确地表示。"风险是行为可能产生的负面结果，随着对其认识的加深，风险带来的结果包含着利得和损失两个方面"[1]。因此将其定义为事项发生的可能性。综上，风险产生的原因是"不确定性"，风险发生的概率是"可能性"。

（二）风险管理

"风险管理是指通过风险识别、风险评估、风险决策和风险控制对风险实施

---

[1] 张珂莹.风险管理理论在供应链金融风险管理中的应用——基于全面风险管理理论[J].现代管理科学，2018（12）：112-114.

有效控制和妥善处理,期望以最小成本获得最大安全保障的管理活动"[1]。安全风险管理是一个动态过程。

风险识别是风险管理过程的最初阶段,该阶段将信息资产进行识别、分类和排序。如果一个信息资产存在漏洞,就需要识别并对其进行控制,限制针对漏洞进行攻击所造成的影响。

风险评估的英文全称为 Risk Assessment,指的是风险事件结束之前对该事件可能会给人们的生命安全、财产以及日常生活等各方面所造成的影响和损失进行量化和评估的工作,换句话说,风险评估就是量化测评某一事件或某事物带来的影响或损失的可能程度。从信息安全的角度来讲,风险评估的评估对象就是信息资产(即某事件或某事物所具有的信息集),对这些信息资料进行归纳,进而评估某事件或事物可能带来的影响或损失,如该信息资产是否面临威胁,该信息资产存在哪些弱点以及会造成何种影响等。风险评估在信息安全领域有着重要地位,它是风险管理的基础,信息安全需求的确定有赖于风险评估的顺利实施。可以说,风险评估属于信息安全管理体系的范畴。

风险控制策略是由项目团队执行的计划工作将分类风险清单转化为行动计划。计划包括为应对最大风险展开的详细策略和行动、风险行为分级及综合风险管理计划的创建。有四项可以选择的基本策略可以用于控制漏洞所产生的威胁。

第一,避免风险:应用安全措施消除或者减少漏洞的遗留和不可控制的威胁。

第二,转移风险:将风险转移到其他区域,或者全部转移到外部。

第三,缓解风险:减少漏洞会被利用的影响。

第四,承认(接受)风险:理解因果关系,接受因为没有控制或者缓解措施而造成的风险,又称为风险自留。

二、个人信息风险

个人信息形式多样,其中电子个人信息是信息技术的产物,它不仅丰富了文档的形式和结构,而且增加了文件处理过程中的风险。信息技术带来方便的同时,也带来了威胁。

---

[1] 胡国胜,张迎春.信息安全基础 [M]. 北京:电子工业出版社,2011.

（一）个人信息风险的内容

根据个人信息的特点，以及个人信息在生命周期过程中存在的风险，个人信息风险总结起来可以有四个方面。

1. 真实性风险

真实性是确保个人信息有效性与法律证据性的根本，集中展现了个人信息发展过程中所有的历史面貌，有着极高的社会价值，成为社会记忆得以长期留存的先决条件。个人电子信息具有易更改性的鲜明特征，这就导致个人电子信息在形成、使用和处理过程中，如果不加以控制，就很容易遭到外部的威胁，诸如黑客入侵、病毒威胁等。而且信息内容遭到修改后不易被察觉。

2. 完整性风险

个人信息的完整性包括两个方面：有机联系的个人信息和其他相关文件数量齐全；个人信息的内容、结构和背景信息无缺陷。完整性是个人信息价值的重要保证。不完整的信息会给用户带来不便。

3. 可读性风险

可读性风险就是某些原因导致个人信息不能读取，成为无用的文件。个人信息在存储、传输、压缩、加密、传输、载体转换和系统迁移后，无法读取，也无法以可理解的方式输出，包括文件无法打开、打开后一直加载或某些信息无法显示。编码系统（文字处理、压缩等）和个人信息的解码系统（读取软件、解压缩）不兼容。文件属性不完整、病毒侵害、存储设备损坏等，所有这些都会导致不可读的个人信息。对于文件存储的载体来说，U盘、光盘等都是有一定使用寿命的，另外诸如洪水、地震等自然灾害也会直接摧毁个人信息。

4. 保密性风险

个人信息的保密性是指个人秘密信息处于被保护的状态，任何非法用户都无法接触到含有秘密的个人信息，从而确保秘密信息不会被泄露。不少个人信息都是需要保密的，包含一些不能公开的信息，一旦泄露就会给当事人带来困扰。然而，网络的开放性、计算机系统的脆弱性以及个人信息的潜在价值都会对个人信息的保密性构成威胁。

(二)个人信息风险特点

个人信息风险的特点包括三个方面的主要内容,分别是:

1. 风险的客观性

风险是客观存在的,它是事物的不确定性和可能性。由于其自身的特点,个人信息的这些风险无法消除。只有正视这些风险的存在,并且有目的地控制它,才能减少风险产生的可能性和后果的严重性。

2. 风险的多样性

个人信息的风险是多样的,包括真实性风险、完整性风险、可读性风险和保密性风险。同时,对于个人信息而言,不仅仅是内容上存在丢失、修改的问题,其载体在存储的过程中也可能会存在产生问题的风险。个人信息的形成、使用和保存都可能导致风险的产生。

3. 风险的复杂性

个人信息有许多风险来源。计算机系统漏洞、黑客攻击、网上病毒入侵、人为破坏等都是风险来源因素。还有地震、火灾等自然因素也会导致个人信息的损坏。管理制度的不完善,不专业的个人信息管理人员,也会导致各种风险。

三、个人信息风险保护与管理措施

(一)PMT 保护动机理论

动机是心理学中的专业术语,指的是运用一定方式激发起人们对某种行为的兴趣,并使人们始终维持这种行为的内部唤醒状态,主要表现为追求某种目标的主观愿望或意向,是人们为了实现某种预期目标的自觉意识。心理学家对于动机进行了大量的研究,形成了系统的动机理论,该理论包括动机的产生机制、动机与需要的关系以及行为和目标的关系。

1. 基本内容

1975 年,美国学者罗杰斯(Rogers)首次提出了保护动机理论(PMT)。他认为恐惧诉求由三个方面构成:一是描述事件有害的严重性;二是事件发生的可能性;三是保护反应速率。1983 年,罗杰斯将自我效能理论运用到研究中,构建了保护动机理论和自我效能理论的整合模型，经过大量测试，发现了该模型具有可信度，由此将自我效能纳入保护动机理论的范畴中。至此，保护性动机理论成型。保护动机的形成是人们在威胁评估和反应评估综合作用后做出的决定。1996年，由信息源、认知调节过程和应对方式三部分组成的理论框架正式建立。其中，信息源包括两部分的内容，一是外在的环境因素，二是内在的个体特征。认知调节过程也有两方面构成，一是威胁评估，二是应对评估。威胁评估的主要组成部分为严重性与易感性，应对评估主要组成部分则为反应效能与自我效能。经过评估之后，个体选择应对模式即是否产生保护意愿，然后采取保护行动。

在信息源的刺激下，人们首先会对潜在威胁进行评估，而进行评估的要素就是严重性和易感性。所谓严重性就是指个体对威胁感受到的严重程度，例如，喝酒会对胃、肾等器官造成损害，减少寿命；在寝室使用大功率电器会导致失火等。易感性是指威胁事件发生的可能性，即该事件有可能发生，也有可能不发生，如果发生，概率会有多大，比如，喝酒可能会使人的器官造成损害，导致疾病产生的概率有多大，大功率电器造成失火的可能性有多大。威胁评估后，接着评估人们如何应对威胁。评估包括两个方面，一是反映效能，二是自我效能。所谓反映效能是指当威胁发生时，人们会采取行为以避免或者减轻威胁的有效性，如少喝酒或者戒酒就是尽量避免和制止喝酒损害人的身体的有效方法。自我效能是指当危险发生时，人能否采取措施以保护自我的能力，例如，少喝酒甚至戒酒的能力，停止上网打游戏的能力。保护动机理论描述了人们在外界环境认知之后，认识到威胁，从而进行评估，并由评估的结果产生保护行为的意愿并最终付诸行动的过程。

2. 应用范围

大量研究已证明保护动机理论在解释、干预及预测个体保护意愿和保护行为中的重要作用。传统上，这一理论主要应用于健康行为，但许多研究证实了它在其他领域的重要作用。应用范围已经扩展到研究对象面对各种威胁时的选择行为，包括医学、企业管理、环境保护甚至互联网的信息安全问题。

将保护动机理论应用到个人信息风险管理当中也是可行的。首先，对个人信息进行风险管理符合保护动机理论针对威胁进行免受威胁的行为特征。其次，根据保护动机理论的框架可以看出个人信息存在的风险符合信息源的特征，然后根据个人信息的风险，进行评估采取行动。计算机网络系统是脆弱的，存在巨大的风险，个人信息一旦被破坏就将难以修复。通过保护动机理论可以有效地增强人们对个人信息风险管理意愿。

（二）PMT 理论下的管理措施

基于保护动机理论，个人信息进行风险管理的首要任务是要增强人们的意愿，让企业和其他责任者认识到个人信息风险存在的客观性以及将会带来的严重后果，也就是增强严重性因子对人的作用，从而在人们的心里形成风险意识。其次是降低风险的可能性，也就是增强易感性因子对人的作用，让人们意识到这个事件发生的概率是可控的，只要提前采取风险管理的措施，就能减少风险产生的可能。最后一点就是要将个人信息风险造成的后果降低到最小。这种控制风险的效果可以通过各种风险管理措施来共同实现。

1. 加强个人信息风险教育

个人信息的风险是客观存在的。但是风险具有可变性，在一定的条件下，风险既可能向好的一面转化也有可能向坏的一面发展。当风险管理有效进行时，采取一定的措施对风险加以控制，就更可能将风险转向好的一面。这就需要对管理人员和责任者进行风险教育，让其了解风险管理的有效性，增强风险意识，居安思危，认识到个人信息并不是完全安全的，个人信息存在的风险是一个客观事实，且个人信息风险具有多样性、复杂性、严重性的特点，从而有意识地进行控制活动，防患于未然，做好风险的防范工作。考虑到在任何措施的实施过程中人才都是最重要的，因此只有增强管理人员的意识，才能更好地进行其他防范活动。风险教育是风险管理的基础工作，例如，举办关于风险教育的讲座和培训，以历年的个人信息泄露事件及其造成的严重后果的案例作为警示，以加强风险教育，增强风险意识。

2. 健全管理体系和制度

只有让风险管理形成一个完整的制度，并纳入组织体系之中，才能够真正完整有效地进行下去。通过风险管理制度建设，使个人信息管理部门和管理人员深刻意识到风险管理的重要意义，以先进的风险管理思想作为指导思想，落实风管理责任，明确风险管理的范围、对象，健全风险管理的奖惩办法等。在制度实行过程中注意把握风险管理的范围、对象和要求，尽可能做到量化。最重要的是实行责任制，应明确规定各部门和人员的风险管理责任，完善风险管理的激励机制，将风险管理与员工的薪酬待遇相挂钩，明确奖惩标准，对于那些在风险发生之前能够及时预见风险，并采取有效措施防范风险以及在风险发生过程中及时控制风险和化解风险的人员进行奖励，以表彰他们履行职责，在风险管理中作出的突出贡献；对于那些在风险发生前无所作为，风险发生时采取不当措施应对风险进而造成重大损失的人员，要严肃处理，从而做到奖罚分明。

3. 构建风险管理运行机制

运行机制的建设是风险管理的关键，同时可以明确管理人员的任务和作用，增强对自我效能的认知，让管理人员认识到可以通过这些工作来避免或减轻风险。运行机制由三方面构成，分别是风险识别、风险分析以及风险应对。风险识别由风险因素的"寻找"和"分类"两项内容组成，其主要目的是对个人信息风险形成情绪而理性的认知，明确风险产生的原因，风险与其他要素之间的关系，风险分布的地区以及风险可能形成的后果，最终构建一幅完整的"风险清单"或"风险地图"，从而达到较好的识别效果。风险分析的工作是通过定量分析和定性分析将风险识别过程中获得的数据转化为信息，再利用概率和数据统计方法，对个人信息某一风险的发生频率和概率进行分析和计算，准确估计风险造成的后果的严重程度。在对个人信息进行风险识别、分析和评估后，要及时采取相对应的风险处理措施，对可能发生的潜在风险或者已经发生的风险进行及时处理，减少甚至避免风险对个人信息及其管理造成的不利影响。

笔者通过对个人信息风险进行分析，发现个人信息存在的风险是客观存在并且是复杂多变的。本章的创新点在于，基于保护动机理论，构建出个人信息风险的理论模型，通过对严重性因子、易感性因子、反应效能和自我效能的解读，让人们意识到通过风险管理可以有效地对个人信息进行保护性行为，从而避免个人信息风险的发生或减轻个人信息风险发生后产生后果的严重程度。个人信息管理过程中，存在着各种各样的不确定性因素带来的风险，从风险管理的角度来看进行个人信息的管理应该成为个人信息管理者必需的一种管理思路。提高管理人员的风险意识,并采用风险管理的运行机制,有效提高个人信息管理的水平,从而保障个人信息安全。

第二节 信息安全主动防范意识管理

人类社会中各项经验都告诉我们,防患于未然是非常必要的。个人信息安全领域,防患于未然首先要做的是培养用户的个人信息安全素养,让用户加强个人信息安全防护意识,并提高用户和企业的个人信息安全防范能力,规范主动预防措施。

一、提高个人用户的安全防范意识

在安全意识方面,要让国家、各企事业单位和所有公众增强保护个人信息的安全意识。个人信息安全意识由两个层面构成:第一个层面是个人对信息安全问题的感性认识和理性认识。所谓感性认识是指对信息安全问题的基本态度和信息安全现状的情感体验,即个人是否认识到个人信息存在风险以及是否亲身体验会信息风险;理性认识是指个体对信息安全问题的认知,即个体是否对信息安全的重要性有着清晰的认识,能否简单概括信息安全的内涵,是否清楚信息威胁的来源以及实现信息安全的途径等。第二个层面是关心和维护信息安全的意识和取向,即个体对于信息安全是否有忧患意识,是否具有信息风险的安全意识,是否具有保护信息安全的责任意识,对于重要的信息是否具有保密意识等。

(一)对个人信息安全认知不足

1. 个人信息安全保护范围认知

众多专家和学者对于个人信息安全保护范围进行了深入的研究,结果发现,身份证号码、银行卡信息和联系方式在个人信息安全保护范围认知中占据前三位,其次是家庭地址、个人医疗信息和工资收入,再次是个人自然情况和工作信息。可以看出,用户对个人信息安全保护范围具有一定的认知,但是还需要继续完善。

2. 主动学习信息安全知识的意愿

主动学习信息安全知识的意愿对于提高个人信息安全意识具有积极意义。但是，相关研究表明，只有十分之一的用户有着提高个人信息安全的意识，愿意主动学习信息安全知识，接近 70% 的用户只是偶尔关注过个人信息安全方面的知识，另外 20% 的用户则从来不关注个人信息安全，也不愿意学习信息安全的相关知识。当前我国个人信息安全形势并不乐观，个人信息泄露事件时有发生，用户个人信息安全的意识偏低，而主动关注个人信息安全知识的意识不强是造成这种情况的原因之一。

3. 接受信息安全意识教育的意愿

导致个人信息安全意识淡薄的原因是多种多样的，其中信息安全知识普及教育的匮乏是造成这一现象的重要原因。有关调查数据显示，当前我国的信息安全知识普及教育是相当缺乏的，将近六成的调查者表示从来没有接受过有关信息安全或者类似的教育，将近 20% 调查者表示偶然间接受过类似的教育，16.4% 的受访用户表示刚刚进入工作单位时，单位组织开展过类似的教育，只有 3.6% 的用户表示长期且不间断地接受过有关信息安全方面的教育。对于是否有必要开展个人信息安全知识普及教育工作调查中，七成以上的受访者认为个人信息安全知识对于保护个人信息起到重要作用，开展个人信息安全教育工作是非常有必要，接近两成的受访者认为个人信息安全知识教育对于自己的生活没有任何作用，对于这种教育持无所谓态度，6.6% 的受访者表示这种教育没有任何意义，完全没有必要开展。

（二）个人信息安全保护意识薄弱

1. 不了解个人信息安全保护政策

当前，互联网在人们生活中发挥着日益重要的作用，运用网络来搜索、查询资料已然成为平常之事。当人们想参考网站的资料时，很多网站和有关机构都会要求用户提交个人信息。这些网站和机构管理用户个人信息的政策是用户们最为关心的问题，比如大部分网站在用户申请注册时，都会向用户申明本网站的隐私保护政策，用户是否主动了解这些网站和机构的个人信息安全保护政策，是否清楚网站中的各种公告，能在一定程度上反映其个人信息安全意识的强弱。另一方面，网站和机构所提供的的政策和公告也在一定程度上反映了企业对于用户个人信息安全保护的态度和责任。当用户的个人信息受到侵害时，他们可以运用这些政策和公告来向第三方机构寻求帮助。

2. 缺乏对法律法规的认知

根据有关调查显示，我国有近一半的手机用户表示自己并不了解我国个人信息安全保护的法律法规，42%的用户认为自己对于个人信息安全保护法律法规中的条款有部分了解，只有8.0%的用户表示自己完全清楚这方面的内容。由此可知，当前我国的有关个人信息安全保护的法律法规存在着宣传和普及不到位的问题，个人对于相关法律法规的了解亟待加强。

3. 缺乏对救济渠道的认知

信息时代背景下，信息作为一种重要的资源，在生产生活中发挥着显著的作用。当个人信息安全受到不法侵害后，如何保护自己的合法权益成为人们关注的热点问题，常见的解决方案有不予理睬、自行解决、向公安机关报案以及媒体曝光等。但事实上，当信息安全受到侵害时，大部分人通常会选择不予理睬或者自行解决，只有少部分人选择用法律武器来维护自身的权益去向公安机关报案或者动用媒体的力量来曝光。造成这种现象的原因有以下两种：一方面是信息安全侵害对人们造成的总体损失并不严重；另一方面是我国目前的信息安全侵害问题的救济渠道尚不健全，无法有效破解信息安全侵害的困境。

4. 缺乏对侵害原因的认知

个人信息安全受到侵害的原因是多方面的，从主观上来说，是个人信息安全意识淡薄；从客观上来说，存在着信息安全产品功能不完善，各种组织机构的管理机制不够健全、个人信息买卖等产生信息安全侵害问题的不利因素。有人通过调查，发现大部分人认为个人信息安全环境的认知倾向于不安全，但对这些不安全因素主要来自哪里却不太了解。信息安全法律的不完善，信息安全侵害问题发生时执法的不到位，各种组织结构信息安全管理中存在漏洞以及买卖个人信息对于个人信息安全的侵害等问题并未得到社会上的广泛关注。除此之外，一些网站和有关机构对于用户的个人信息管理并不重视，因此导致用户未注意到信息安全问题的重要性。

二、遵循防患于未然原则

墨菲定律原本是心理学中概念，后来被广泛应用到其他领域，指的是如果事情有变坏的可能性，不管这种可能性有多小，它总会发生。在个人信息安全管理方面，墨菲定律揭示了安全管理必须坚持预防为主、防患于未然的原则。根据这样理论基础，作者从中受到启发，拟从技术、管理、人员三个方面，提出全方位确保个人信息安全的应对策略，杜绝信息安全事故发生，建立安全的长效机制，以确保个人信息的安全管理，促进国家信息化建设的不断发展。

（一）依托安全技术加强事前预防

就个人信息与信息技术之间的关系而言，网络自身的不安全性将不可避免地影响数字化的个人信息，因而，要想有效保证个人信息的安全就必须大力发展网络应用技术，构建规范化的网络安全体系。然而，我国网络安全体系尚处于建设中，信息技术的整体研发能力有待提高，信息技术存在一定的缺陷，这种缺陷就会导致一定概率的安全事故发生。由墨菲定律可知：即使危险事件发生的概率是特别小的，也不代表着不会发生。因此即使概率再小，我们也要高度重视，绝不能疏忽大意。

为了营造一个信息安全环境，我们可以采取加密技术、访问控制技术、防火墙技术及入侵检测技术等，通过提前预防和控制，来预知个人信息管理人员在进行数字个人信息的收集、整理、管理、利用过程中固有的或潜在的危险，进而防止意外事件发生，保证个人信息的真实、有效和完整。例如，对个人信息进行加密处理，防止个人信息被非法窃取和篡改；对数据库进行访问控制权限设置，防止用户对个人信息的非法访问；对整个个人信息管理系统设置防火墙，过滤携带病毒等的有害数据；安装入侵检测软件，发生信息安全问题时可以及时反映并报警。通过采取一定的控制措施、方法和手段，防止技术层面的事故发生。

（二）增强管理者的控制能力

实践证明，安全管理是保护信息安全的有效途径。对于个人信息安全的管理，我们更要给予高度的重视。只有信息安全管理的机构和个人深刻认识到个人信息安全的重要意义，转变管理思想，依托先进的网络应用技术建设系统化、规范化的管理制度体系，借鉴欧美等发达国家个人信息安全管理的成功经验，不断提高管理水平，才能真正保护数字信息的真实、可靠。

伴随着社会经济和科学技术的飞速发展，以计算机和互联网为代表的信息技术日益成熟，传统的安全管理模式已经无法适应日新月异的信息安全形势，为此，要求人们不仅要高度重视现存的风险，还要积极学习新知识、新技术，准确识别未知的潜在风险，转变风险管理理念，由被动管理转变为主动管理，将前端控制与事后管理相结合，牢牢把握住安全管理的主动权。首先，建立健全个人信息安全管理制度体系，制定合理而严密的管理措施和规范，明确岗位责任制度进而确定个人信息工作的具体分工及其所承担的责任。依据个人信息管理人员所分管的职责不同，将奖惩制度责任到人。其次，完善个人信息在管理过程中的具体流程规范，细化安全管理制度，在个人信息系统运作的过程中，严格按照安全操作控制规范来执行实体工作。增强操作人员的安全意识，开展安全培训，避免操作人员由于缺乏安全知识，存在"有问题由网络安全管理员负责"的疏忽大意，进行严重危害数字个人信息安全的违规操作。最后，完善组织机构建设，比如建立专门的个人信息保护机构，科学领导，并做好宏观管理与调控。

此外，依据墨菲定律，安全管理控制职能的最根本职责是预防，坚持预防为主是安全管理工作中要遵循的首要原则。在对个人信息进行收集、整理、存储、利用的过程中，需要重视对"事故先兆"和"事故隐患"的排查，做到预防为主、检查与监控并举。

（三）发挥警示职能提升综合素养

计算机网络系统具有开放性、集成性、共享性等特点，这就意味着网络中流通的个人信息安全存在着威胁。面对着复杂多变的网络环境，管理人员要提高安全意识以保障个人信息的安全、完整。根据墨菲定律这一观点，我们知道侥幸心理、麻痹大意思想才是导致事故的主观原因。所以，个人信息管理人员提高安全意识需要做到以下几点：第一，加大网络安全知识的宣传教育，提高人们的整体防护意识，发挥个人作用，确保个人信息的安全和个人信息内容的完整、真实、有效。第二，仔细分析个人信息，区分不同密级的个人信息，明确不同利用者所对应的可查询使用的权限范围和保密程度，以保证个人信息的安全可靠。第三，个人信息管理人员要树立备份意识，防止数字个人信息的失真或丢失。

对于安全管理而言，墨菲定律具有警示的职能，即具有警示和警告的意义。它要求人们不仅要重视高危险、高频率的事件，也要着重注意小概率事件。此外，保证个人信息的安全意识在任何时候都不能放松，消除麻痹大意的思想以及克服侥幸心理，是安全管理的一项重要任务。事实上，无论做任何事情，人都是第一要素，然而，由于人会受到自身生理因素、心理因素、技术熟练程度、责任心以及道德品质等方面的影响，数字个人信息安全事故频发。因此，我们必须充分重视人为因素对数字个人信息安全造成的不利影响，不定期对人员进行安全策略及安全技术的培训，以加强个人信息安全管理保障。毕竟，一个人只有提高了安全意识，才能实施安全的管理行为，才能真正具备保障信息安全的能力。

此外，个人信息管理者还需提升自己的综合素养，把自己打造成一位适应个人信息安全管理的复合型人才。为了应对可能存在的具有突发性的不安全事故，我们应坚持预防为主，加强专业技术学习，增强责任心，面对突发的不安全事故，要多从自身出发，寻找潜在的安全风险，对可能出现安全事故的环节进行整改，消除危险因素，将安全事故隐患消灭在萌芽状态。只有这样，个人信息安全管理制度才能落到实处，个人信息安全才能长治久安。

三、加强个人信息安全防范的措施

美国拥有最先进的技术和最严密的立法，但是个人信息泄露事件依然频繁发生，其中的一个重要原因就是公众的安全意识不足。因此，用户在登记个人信息时，应关注对方是否有相关资质，是否有关于保护使用者信息的隐私条款提示，并要求信息的获得者对个人信息进行保密，必要时签订保密协议。用户应该知晓计算机和手机网络中存在的威胁；了解存储设备的不安全性以及操作系统中存在的漏洞；知悉个人信息泄露的各种渠道；积极参加信息安全的相关培训和教育。

（一）了解生活中的信息泄露途径

随着信息技术的进步，在我们的日常生活中处处都有个人信息泄露的陷阱。一般比较常见的有：

（1）各种打字店、复印店在人们打印、复印资料的过程中，利用其打字、复印的便利条件，将前来打印、复印资料用户的个人信息资料存档留底，当个人信息资料达到一定数量后将其装订成册并售卖给他人。为了保护个人信息安全，用户在打印和复印身份证、学位证等关系到个人信息资料时一定要提高警惕，做好防护工作。

（2）增值服务商窃取用户信息。随着通信技术的蓬勃发展，手机日趋智能化，除了满足人们日常信息沟通交流的需求之外，智能手机还安装了大量的应用软件，有些应用软件供应商为了谋取利润，偷偷地收集用户的个人信息并将其发送到特定的网址，经过整理之后，将用户的个人信息如银行账户、身份证号以及其他资料售卖给他人。

（3）使用即时通信工具进行网上聊天的内容会作为聊天记录存储在服务器上，要关注相关网络是否有关于保护使用者信息的隐私条款提示。

（4）网上售卖个人信息。近年来，随着网络购物的盛行，新的信息泄露方式由此产生。用户运用网络购买自己心仪的产品后需要填写相应的个人信息，如家庭住址、工作单位住址，为了能够尽快拿到购买的商品，大多数用户都会填写手机号或固定电话，还有些用户个人信息安全意识淡薄，有时会无意间泄露身份证号码和银行账号。随着网络购物人数的增多，网店也会逐渐积累大量的个人信息。有部分网店名义上是售卖产品，实际上却将售卖用户信息作为主要业务。根据相关调查显示，"公安局查获的地下洗钱案件中，有三成都是通过网上非法购买个人信息，然后拿着买到的个人信息去银行申请账户或信用卡，进行非法洗钱"[1]。

（5）黑客入侵电脑窃取用户信息，这种信息泄露方式具有极大的危害性。黑客拥有着常人难以企及的计算机水平，他们将需要窃取信息的用户称为"肉鸡"，通过植入非法程序获取用户的个人信息。对于黑客的行为，大部分用户是一无所知的。

---

[1] 吉雨.防不胜防的个人信息泄露[J].信息安全与通信保密，2013（5）：31.

（6）电信、移动、联通运营商违法出售个人信息。用户在办理手机号入网手续时，需要填写自己的各种个人信息。有的电信运营商同增值服务商签订协议，对用户个人信息诸如身份证号码、手机定制套餐等资料进行整理，然后按照一定的规则分类，将用户的信息按照约定的价格出售给增值服务商。增值服务商将他们编辑过的垃圾信息交给电信运营商，向用户发送垃圾短信。电信运营商的工作效率是极其惊人的，根据有关数据显示，10分钟内就可以向用户推送1.5万条垃圾短信。

（7）木马病毒入侵用户手机或电脑。不要随意浏览黑客网站和色情网站，因为大量的木马、病毒和间谍软件来自黑客网站和色情网站。

（8）各类超市、礼品店等零售商为了扩大经营范围，获得高的经济效益，有时会开展打折活动，向消费者推送会员卡、优惠卡等，要求用户填写个人信息。

（9）招聘网站出卖用户简历。

（10）医疗、机动车销售、银行证券等国家垄断性行业。

另外，个人信息泄露的渠道还有中介机构、航空公司、旅馆、保险公司、银行、租赁公司等需要身份证件实名登记的场所，这些企业、公司利用登记的便利条件，收集用户的个人信息。

关注个人信息安全还需要防止口令窃取，密码的设置要具有一定的复杂度；对信用卡信息保密，防止被盗刷（在网上通过信用卡进行境外支付，大多时候不需要密码）。由于被格式化或被删除的数据可以轻易恢复，需要彻底删除的数据要进行文件粉碎。不随意访问陌生网站，当心网络陷阱。警惕钓鱼网站，电子商务、金融证券、即时通信类网站，研究发现这些一直是近几年排名前三的钓鱼网站。

（二）积极组织和参与信息安全教育培训

学校、图书馆等公共教育组织应该采取生动、形象、简洁的方式，比如借助信息安全海报、动画视频、屏幕保护、安全手册等向大众介绍和普及信息安全知识，定期举行信息安全教育培训，开展信息安全巡回讲座和知识竞赛，通过丰富多彩的活动来强化用户的个人信息安全意识，提高用户个人信息安全防护能力。

网络时代背景下，个人信息安全教育是一项刻不容缓的工作，政府和有关部门要深刻意识到个人信息安全教育的重要意义，倡导和支持社会力量开展这项工作，充分发挥电视、报纸等传统媒体的宣传作用，积极运用微博、公众号等新媒体手段，发挥网站和论坛的作用，在全民范围内开展个人信息安全教育，使个人信息安全观念牢牢扎根于人们的头脑中。不断扩大信息安全教育范围，定期组织国家机关、事业单位以及企业的工作人员开展个人信息安全培训，针对不同单位的特点开发出特色的培训计划，并将个人信息安全培训工作纳入考核体系。同时做好个人信息安全的师资队伍建设，加大个人信息安全工程师的培养力度，结合我国个人信息安全现状，组织编写具有针对性的教材，将现实生活中的真实案例应用到教学中，实现理论与实践相结合，同时运用多种教学方式，营造生动风趣的教学氛围，不断提高用户的个人信息安全素养。此外，个人还要积极关注和主动学习各种类型的个人信息安全教育培训的内容。

总之，用户要具有高度的个人信息安全意识，提高警惕，不随意向他人透露自己的个人信息，当个人信息遭受侵害时要及时保留和收集证据，寻求法律保护，申请经济和精神赔偿。另外政府机关、企业事业单位以及个人在收集、保存和处理他人信息时也要注意安全保护，以免信息泄露、破坏或丢失。

（三）规范网络行为防止个人信息泄露

针对当前网络收集个人信息的行为和前文提及的可能存在的安全隐患，本书提醒用户注意关注网络行为细节，加强安全防范。

1. 防止手机隐私泄露

建议用户不要试做网上测试，比如经常可以看到一些在线测试你的名字、测试你的心理年龄、测试你的生辰八字、测试你的手机号吉凶，等等，这些看似趣味测试的内容，很多都是需要输入个人的姓名、手机号或者生日等信息，若是好奇一试，那么就很自然地泄露了个人信息，接下来就会总是莫名其妙接收到一些垃圾短信或者诈骗电话。因此提醒用户对凡是要输入个人隐私信息的界面，都要警惕其安全隐患。

如果手机不小心丢失或者被盗，我们应第一时间进入官方网站进行微信或者QQ的冻结，以防被不法分子利用诈骗亲朋好友的钱财，同时对支付宝等账号进行冻结。随后，我们应及时对手机号码进行挂失处理，以确保其他资金账户的安全。

防范手机中毒，手机病毒往往隐藏在一些APP应用里面，一旦侵入手机，将会窃取用户通信录信息或者银行账户密码信息，或者在手机后台偷偷发送短信等等。建议不要对手机进行越狱或者Root处理，否则将大大降低手机运行环境的安全性。

正确处理旧手机，一些用户会随便卖掉或者丢掉旧手机，有一定安全常识的用户会恢复出厂设置和格式化sd卡。然而，这些都远远不够，而是应该使用大容量的文件（如电影视频）覆盖满整个手机内存，重复四五次，这样处理后攻击者想要恢复原来的数据就很难了。

现在一些用户习惯于到哪里都会寻找WiFi上网，但免费的WiFi一定要多加小心，其往往是黑客用来截取用户个人资料的手段，比如微信、银行账户以及密码。若是使用免费WiFi来进行购物、转账，那资金被盗的概率将会大大提升。所以，千万别为了节省几块钱的流量而损失了大量的账户资金。

2. 关闭微信泄露隐私的功能

微信这些开关要关掉：微信"附近的人"功能可定位你的位置，依次点击"设置—通用—功能—附近的人"，选择"清空并停用"，必要时可重新开启；微信"隐私"选项中关闭"允许陌生人查看十张照片"；微信"隐私"中关闭"通过QQ好友搜索到我"和"可通过手机号搜索到我"。有人佯装手机刷机，要求对方发送手机号与验证码给他，以通过好友验证，如果发送验证码，微信可能会立马被盗！一旦中招，可能波及很多人！

iPhone手机中有"常去地点"功能，可用地图显示机主经常去的位置。如果不想让人知道，可以依次点击"设置—隐私—定位服务—系统服务—常去地点"，关闭该选项即可。

网上测试小心有诈，"测测你的心理年龄""测测你前世是谁""测测你的出轨概率"……测试时输入的姓名、生日、手机号码，会被存入后台，经过梳理后有可能拼凑出完整的个人信息。

3. 防止网络隐私泄露

网上购物订单是信息泄露大户，故而在收到快递后莫忘把订单撕掉，将重要信息划掉。网上购物、注册网站、订外卖时要尽量用一个备用号码接收验证码。

填写收货地址尽量使用办公地点或公共地点，除非有必要，尽量不要填写自己的真实信息。

在外尽量不要填写别人的调查表、访问单，因为你不知道什么时候就会接到诈骗电话。

及时清理电脑的缓存，并设置浏览器保护。平时的上网信息是可以被某些工具获取的，电脑缓存可能包含大量隐私信息，如QQ账号信息、网银账号密码等。

注册邮箱中的调查问卷，不要轻易打开。不要轻易点击网页弹出的弹窗、链接等，以防中木马病毒，并及时查杀病毒。

四、防范社会工程学攻击

世界著名黑客凯文·米特尼克在《欺骗的艺术》中曾提到，人为因素才是安全的软肋。很多企业、公司在信息安全上投入大量的资金，然而导致数据泄露的原因，往往还是人本身。对于黑客们来说，一个用户名、一串数字、一串英文代码，获取这么几条的线索，通过社会工程攻击手段，加以筛选、整理，就能把被攻击者的所有个人情况信息（包括家庭状况、兴趣爱好、婚姻状况以及用户在网上留下的一切痕迹等个人信息）全部掌握得一清二楚。

（一）了解社会工程学

对于大多数人来说，社会工程攻击是一个相当陌生的词汇。社会工程攻击，顾名思义就是运用"社会工程学"中的内容来实施的网络攻击行为。社会工程学是计算机科学中的专用术语，所谓社会工程学指的是以互联网为依托，在网络上与他人进行合法的交流，在交流的过程中运用多种手段来影响对方的心理，进而诱导对方作出某些动作或者透露出一些机密信息的行为。学术界对这种行为持否定态度，他们认为这是一种欺诈行为，其目的是通过计算机来收集信息和行骗。社会工程学与其说是一门科学，不如说是一门蕴含艺术和窍门特点的学科。社会工程学对于人性有着深刻的认知，以人的弱点为切入点，在交流中迎合你的观点，顺从你的意愿，满足你一切美好欲望，进而诱导你上当。尽管社会工程学中包含着多种方法，蕴含着丰厚的知识，但是专家和学者仍然将其排除在科学范畴外。这是因为，社会工程学和其他成熟学科的典型区别就在于，它不具有科学性，不是总能重复和成功，特别是当对方掌握足够多信息的情况下，就无法发挥作用。人都是有弱点的，比如好奇心、贪便宜等，社会工程学就是利用人的弱点，进行诸如欺骗、伤害等危害手段，获取自身利益的学问。社会工程学之所以能取得成功的要点之一就在于它蕴含了各种各样灵活的构思，并且能够根据不同个性的人运用针对性的应对策略。

现实社会中的罪犯能够骗取到他人的信任就是因为他们深谙社会工程学中的各种窍门并且能够灵活地运用。仅仅利用短信就能诈骗到他人的银行信用卡号码，电话诈骗中打着中奖的名义就能获取到他人钱财的事情，听起来很不可思议，事实上，这些罪犯在诈骗的过程中都或多或少的运用了一些社会工程学的方法。传统黑客以高超的技术来突破对方的信息安全防御系统，从而获取对方信息，近年来，黑客在实施网络攻击时通常会利用网络工程学的方法，以人的弱点为突破口，进而获得信息。有关研究表明，黑客运用社会工程学手段突破信息安全防御系统的案件数量逐年上升，甚至呈现泛滥的趋势。

下文列举了社会工程攻击者获取信息的两种常见的途径。

第一，从社交平台上获取个人信息。在社交网络发达的今天，人们喜欢在各种社交网站上分享自己的生活经历，社会工程攻击者收集这些信息和其他的社会工程比起来要容易得多。例如，目标网站的内容、域名查询信息、社交网络、图片、员工联系方式、简历、论坛、爱好等一切可能与目标攻击对象相关的信息。人们在社交平台上分享内容足以将其行踪等个人生活信息暴露得一览无余，将这些信息联系起来并进行数据分析就有可能形成目标人物的完整档案。开放的网络平台蕴含着惊人的信息量，社会工程人员可以查询分析，挖掘出有价值的信息。这些信息很可能会被攻击者利用，给个人或者企业安全带来不可估量的损失。

第二，伪装成熟人套近乎。"社会工程师通过伪造自己的身份来和他人交谈，利用语言和非语言暗示，改变目标的感知，从而达到想要的效果"[①]。对于一些行为举止看起来很奇怪的人，一定要加强自己的警觉和戒备心。对于身份模糊或者身份不明的人一定要提高警惕，当他们说出一些用户尚未公开的信息再加上一些行话时，很容易被当成自己人，因此用户一定要提高自身的信息安全意识，不要随意相信他人和向他人透露相关的信息。

（二）防范社会工程学的攻击

认识到个人信息安全工作的重要性。个人的信息安全不仅仅只有物理安全，也不是只和信息安全人员或者企业的 IT 人员有关，攻击者可以从任何一个角度入手。要明白人性的缺点是攻击者利用的一把利剑，个人必须树立正确的信息安全观，信息安全系统的每一个环节出现问题都会让攻击者有可乘之机。

了解和防御社会工程学攻击。用户要了解社会工程学这类攻击，知道这种攻击存在并能够意识到攻击的危害性。首先，通过学习社会工程攻击案例，了解社会工程攻击常用的方法和手段，遇到相似场景时就会提高警惕。个人对社会工程的危险和威胁了解越多，理解越深入，对常见攻击场景越熟悉，就越容易防御、减轻甚至完全阻止这类攻击。其次，站在社会工程人员的角度思考社会工程师常用的方法手段和框架技巧，懂得社会工程师是如何使用社会工程的方法抢占先机的，做到像社会工程人员一样对信息敏感，保护好个人信息。信息爆炸的时代骗术也在发生"变异"，人们需要改变原先的定性思维，学会质疑，提高信息敏感度，面对变化多端的社会工程技巧才能应付自如。

关注政府部门和银行等行业发布的安全手册与安全指南，公安部门、银行业常常会向公众发放安全防范手册或者安全指南，其中会列举出常见的社会工程学攻击案例，防止人们上当受骗。如银行会提醒客户不要向陌生人汇款，并围绕当下流行的社会工程类攻击列举基本的个人行为注意事项。随着时代的进步，信息盗取手段发展加快、变化莫测，不管是技术高超的黑客从物理设备入手还是善于伪装的社会工程师向目标人物发起攻击，信息都会在不经意间被窃取成功。信息安全问题是当前人们必须重视的问题，关乎着个人安全和生存发展，和企业每个

[①] 海德纳吉. 社会工程：安全体系中的人性漏洞 [M]. 北京：人民邮电出版社，2013.

员工息息相关。企业必须重视增强员工的信息安全意识，将信息泄露的风险降到最低，才能够在这个竞争激烈的时代持续发展。

第三节　信息安全平台应用隐患管理

　　云存储、二维码、微信社交平台、大数据技术、物联网技术和电子商务的广泛应用给人们带来了更便利的交流和信息共享、信息存储、网络购物等不一样的体验，但是这些技术和平台也给人们带来了一些安全隐患。例如，存储在云端的个人信息丢失或被黑客盗取，二维码带病毒和木马，微信朋友圈泄露个人隐私，大数据技术过度收集和挖掘个人信息，物联网和电子商务等应用平台安全问题层出不穷。本章将逐一探讨如何应对这些技术或应用平台带来的安全问题。

一、云存储安全问题及对策

　　随着互联网的飞速发展，云存储以其高效、弹性、智能等优点被越来越多地应用到互联网领域，云存储已经成为互联网领域的新型热门服务平台，但诸多云安全事故的发生，让人们不得不正视云存储在给人们带来便捷的同时也带来了很多信息安全问题。2010年5月，埃森哲与中国电子学会共同发布了一份名为《中国云计算发展的务实之路》的报告。这份报告中明确指出，安全问题是全球对云存储最大的质疑。本部分从云存储、基本概念梳理、云事故，云存储信息安全典型事例解析、云隐患，云存储信息安全问题分析、云对策，云存储信息安全对策分析四个方面对云存储带来的信息安全问题进行研究。

（一）云存储概述

1. 云存储的定义

　　从本质上来说，云存储是计算机体系中的一个系统，以网格技术为依托，发挥集群应用、分布式文件系统等优势，将网络中大量不同类型的存储设备通过应用软件集合起来协同工作。云存储具有两种功能：一是提供数据存储，二是提供业务访问。

2. 云存储与云计算

对于云计算的概念，学术界有广义和狭义两种观点。狭义的云计算指的是IT基础设施的交付和使用模式，指以网络技术为载体，人们按照自己的需求，通过易扩展的方式获得所需的资源；广义的云计算指服务的交付和使用模式，指人们以网络技术为载体获得自己所需要的服务。广义云计算和狭义云计算的共同点在于人们获取服务服务的过程中都需要借助网络技术，都运用了易扩展的方式，不同点在于，广义云计算服务范围更加的广博，不仅包括IT、软件等与互联网相关的服务，还包括其他服务。

提供服务可以说是云计算的核心概念，简单来说，云计算就是将大量用网络连接的计算资源汇集起来构成一个计算资源池，按照一定的规则管理这些资源，当用户需要时，调取出相应的资源以满足用户的需要。人们通常将提供资源的网络称为"云"。人们可以依据自己的需要随时随地的享用"云"服务，只不过要向服务供应商缴纳一定的费用。

云存储的存在和发展离不开云计算，它是云计算发展到一定阶段的产物，是在云计算的基础上延伸出的新概念。云存储是计算机体系中的一个子系统，以日益成熟的网格技术为依托，充分发挥集群应用、分布式文件系统的功能，将网络中不同类型的存储设备通过应用软件集合起来协同工作。云存储具有两种功能：一是向用户提供数据存储服务，二是业务访问功能。云计算的存在有赖于大量的数据，存储和管理这些数据是云计算系统的核心工作，大量的存储设备便是云计算得以不断扩展的基础，因此具有大量存储设备的云计算系统在某种程度上就是一个云存储系统，而云存储就是一个以数据存储和管理为核心的云计算系统。

不管是互联网还是广域网都采用的云状架构体系，云存储同样采用了这一体系。从使用者的角度来看，云存储并不单纯是指某一个具体的设备而是指一个庞大的集合体，这个集合体囊括了多种存储设备和服务器。使用者使用云存储，也并不是单纯地使用某一个存储设备，而是使用一种数据访问服务，这种服务以存在于整个云存储系统中的大量数据为依托，所以严格地说，云存储并不是一种存储方式，而是一种服务。

3. 云存储的分类

学术界以存储方式为分类标准，将云存储分为公共云存储、内部云存储以及混合云存储这三类。

（1）公共云存储

路坦力（Nutanix）公司提供的存储服务和亚马逊公司的 S3（Simple Storage Service 简单存储服务）就是公共云服务的典型代表。这种存储方式具有成本低、存储量大的优势。供应商凭借其大量的存储设备和服务器可以确保每个客户的存储和应用都是独立的。随着个人存储数据的不断增多，个人云存储服务应运而生，Dropbox 就是个人云存储服务的突出代表。我国的互联网企业紧跟时代的潮流，纷纷向用户提供了公共云存储服务。

为了满足个人存储数据的需要，各大企业在建构公共云存储系统时会专门划出一部分用作私有云存储。公司在建构网络体系时会根据其发展战略部署具有自身特色的基础架构和应用软件，私有云存储可以部署在企业数据中心或相同地点的设施上。针对私有云的运行管理，不同管理有着不同的管理体系，有的企业将私有云纳入 IT 部门，由自己的 IT 部门进行管理，有的企业将私有云外包给服务供应商，由服务供应商进行管理。

（2）内部云存储

内部云存储和私有云存储有很多共通之处，区别在于内部云存储是企业根据自身的发展需求建立的数据存储系统，处于企业防火墙内部，而私有云存储是将数据资料存储进公共存储系统，处于企业防火墙外部。随着云存储技术的不断发展，内部云存储体系日益成熟，提供私有云的平台不断增多，代表性的有联想网盘、Eucalyptus 等。

（3）混合云存储

顾名思义，混合云存储就是将公共云、私有云以及内部云的有机地结合起来，充分发挥三者的优势。这种云存储从客户的需要出发，根据客户的访问要求，配置相应容量的存储器。特别是当企业高速发展积累了丰富的数据资料时，混合云存储就可以从公共云上划出一部分容量配置以帮助企业应对迅速增长的负载波动。由此可知，相对应公共云和私有云，混合云存储更加的复杂，经常需要处理跨公共和私有云分配的情况。

（二）云存储信息泄露典型事件

云存储给企业和普通用户数据存储带来了便利，但与任何其他类型的技术一样，基于 web 的云存储服务也会崩溃，还会带来各种信息安全问题。这里，笔者选取了近年来的三个云存储信息安全的典型事例进行解析。

1. Amazon 云事故

亚马逊是世界三大云服务企业之一，占据了全球一定的市场份额，但多年来云事故时有发生。

2011 年 4 月 21 日凌晨，亚马逊公司在北弗吉尼亚州的云存储中心宕机，这导致包括回答服务、新闻服务和位置跟踪服务在内的一些网站受到了影响。这些网站都依靠亚马逊的这个云存储中心提供服务。Quora 网站当日上午和下午在英国都无法访问，该网站完全由亚马逊的 EC2（弹性云存储）服务托管，就像 Four Square 和许多其他网站一样。经过一番紧急的抢救，亚马逊的云服务恢复了正常。但是，该事件给用户带来的影响恶劣而深远。2011 年 4 月 30 日，亚马逊为宕机事件向用户发表了 5700 多字的道歉信，声称亚马逊公司已经知道漏洞和设计缺陷所在，并会运用多种技术手段来修复那些漏洞，对设计缺陷进行优化和升级，以提升 EC2 的竞争力。事实上，亚马逊已经对 EC2 做了一些修复，对于存在的缺陷也进行了不同程度的调整。在未来的日子里，亚马逊公司将继续扩大部署，以便对所有服务进行改善，避免类似的事件再次出现。

2013 年 1 月 31 日，亚马逊官网主页在长达一小时内显示的都是文本错误消息。从这个消息"HTTP/1.1 服务不可用"来看，人们无法判断实际发生了什么事情。有人认为这可能是拒绝服务攻击，但这个说法似乎有些可疑。虽然亚马逊（Amazon）从未对此事故正式发表评论，但随后的报告表明罪魁祸首很有可能是其内部问题。Amazon 等在线零售商必须确保服务器正常工作以保障业务的正常运作。从该公司之前的季度盈利来看，一些行业观察家估计，一小时的离线时间可能让该公司错失了近 500 万美元的收入。Amazon 并没有透露他们是如何让业务恢复正常运转的,只是指出这次故障只影响了其主页,而没有影响内页,对其 AWS 云托管操作并没有影响。

2. Email 事件

2009 年 2 月 24 日,谷歌的 Email 电子爆发了全球性故障,人们无法使用电子邮箱,直到四个小时之后,电子邮箱的才能正常接收邮件。谷歌解释事故的原因为:"在位于欧洲的数据中心进行例行性维护之时,有些新的程序代码(会试图把地理相近的数据集中于所有人身上)有副作用,导致欧洲另一个资料中心过载,于是连锁效应就扩及其他数据中心接口,最终酿成全球性的断线,导致其他数据中心也无法正常工作。"

2011 年 3 月,谷歌邮箱爆发大规模的用户数据泄露事件,大约有 15 万 Email 用户发现自己原本正常使用的电子邮箱中的所有邮件都被删除,自己和朋友、同事的聊天记录也被删除,部分用户发现自己的账户被重新设置了密码,谷歌表示大约有 0.08% 的用户的账户被重置。

2012 年 6 月 11 日,部分用户在媒体上爆料自己的谷歌 Email 邮箱无法正常使用,大概 90 多分钟之后才恢复正常。谷歌召开了新闻发布会向媒体和社会坦诚了这个事故,事故发生的具体时间为美国东部时间 2012 年 6 月 7 日上午 11 点,12 点 40 分谷歌公司发现了问题所在并解决了该问题。谷歌方面宣称,该故障所造成的的损失并不大,大约有 1.38% 的 Email 用户受到了影响。根据有关调查显示,全球大约有 3.5 亿用户经常使用谷歌 Email 与朋友、同事交流生活、工作中的事情,如果这个故障影响到 1.38% 的活跃用户,那么大约有 479 万用户在那个时间段无法访问谷歌 Email 账户。

(三)云存储安全隐患

随着网络技术的蓬勃发展,云存储在已经深入到人们生活的方方面面,使用云存储保存资料的人呈逐年上涨趋势,云存储的安全问题成为人们关注的重点课题。云存储的最大特点就是存储即服务,用户可以通过公有 API 将自己的数据上传到云端保存。由于用户将数据储存在云端,也就意味着用户无法完全的控制这些数据,数据安全的隐患也就由此产生。

1. 云平台成为重点攻击目标

云存储中蕴含着大量的计算资源，包括物理资源、开发测试环境、数据与应用等，这些计算资源都被储存于"云"中。传统互联网服务中，用户将资料存储于自身的计算机中，只需要保障自身计算机和网络是安全的就可以有效地避免安全事故，云存储模式则不同，用户的所有资料都被存储在云平台，而云暴露在公开的网络中，这里也是最容易发生安全事故的，原本黑客获取信息需要逐个攻击计算机，而现在他们只需要攻击云平台就能获取大量信息。传统互联网中的信息是有限的，即使遭到黑客攻击，受影响的用户也是有限的，由此引发的损失也是可以估量的，但是云平台一旦受到攻击，凡是应用云平台存储数据的用户都会受到影响，他们所遭受的损失也是难以估量的。除此之外，云中的不安全接口和API也是黑客攻击的重要环节，有时黑客会植入病毒程序攻击云平台。当遇到重大事故时，云系统可能面临的风险是难以预料的，有时甚至会出现云系统崩溃的危险，从而威胁云平台上承载的所有业务。

2. 云平台资源和能力被滥用

相比于传统互联网，"云"所具有的资源是异常庞大的，对于存储在云平台中的资源，则具有绝对的控制权。同时，云还具有超强的计算能力，能够对这些数据进行组织，整合。部分云平台服务商为了方便用户租用资源，通常并不会对用户的身份进行严格的审查，通常只需要他们进行用户登记就可以随意使用云平台，这就为网络犯罪分子提供了可乘之机，极有可能网络犯罪分子利用这个漏洞注册成功并对云服务实施攻击。此外，由于云存储资源租用服务价格极其低廉，网络犯罪分子同样可以很容易地租用到海量的计算和带宽资源来实施分布式拒绝服务攻击（DDos）。

一旦云中的某个或者某些节点被攻陷，则网络犯罪分子就可能会通过这些节点继续去攻击并控制云存储平台，最终控制云存储平台所组织起来的超级计算能力去实施更大的网络破坏和攻击，从而造成云平台的资源和计算能力被滥用的情况。

（四）云存储安全对策

云存储带来了很多信息安全问题，本书从云存储服务商、用户、监管方三个方面论述了信息安全对策。

1. 云存储服务商

为了防止云存储平台供应商"偷窥"客户的数据和程序，可以采取分级控制和流程化管理的方法。一方面对于提供商内部工作人员进行分级，分配一定的访问和使用权限；另一方面要针对用户所标记的数据重要性程度，对用户的数据进行分级分类保护，依法最大限度地保护用户的隐私和数据安全。

2. 云存储用户

用户在选择运营服务商的时候一定要充分了解该运营服务商的能力，尤其是提供持久服务的能力。相对来说，经营规模较大、信誉度较高的公司更具有可靠性，并且还要注意所选服务商不可与其他服务商共享用户数据。这样既可以有效避免因为共享数据资源造成的恶意攻击带来难以挽回的后果，也可以始终保证运营服务商提供持久服务。对于需要置于云端保存的数据，建议先使用加密技术对数据进行加密，保证存储在云里的数据只能以密文的形式存在。为了避免云服务器遭受黑客攻击而导致信息泄露，建议用户对需要存储在云端的数据先加密再上传。

3. 云存储监管方

目前，云存储运营已经到了实质运用的阶段，但是相对来说云存储的监管处于落后的状态，因此不能适应现代化云存储运营的实际需求。

国家要对云存储服务提供商进行规范和监管。强制要求云存储服务提供商采用必要的措施，进行合规性检查，保证服务的安全性。对于云存储各个层面的安全服务，需要制定并遵循安全标准来保证服务的正规化。

云存储是社会发展和技术发展的必然趋势，但安全性一直是横亘在云存储发展道路上的一个鸿沟。可以说云存储安全不单单是技术问题，而是还涉及标准化、管理模式、法律法规等诸方面的问题。它需要学术界、产业界以及政府相关部门共同努力才能实现。

二、电子商务侵犯个人隐私侵犯

（一）电子商务中个人隐私的特点

1. 隐私的数据化

与传统隐私的最大区别在于隐私的数据化，隐私主要以"个人数据"的形式出现，分散在数据化的个人信息中。数据化不等同于数字化，数字化是将模拟信号变成机器可以识别的数字信号，数据化是数字化的进一步发展，它将采集到的各种不同种类的信息变成数据，并运用强大的分析工具进行处理。

各种各样的数据库越来越多，包含了人们大量甚至是全部的数据，在这些数据的基础上进行分析，人们的消费习惯、搜索习惯、社交网络等将暴露于无形。这些曾经是"你"的信息被存储在各种数据库中，商家随时可以用来识别。个人隐私分散在不同的细小单位里，任何一条信息都可能是一个导火索，引起连锁反应，最后形成一个关于你的"高清的图景"。"凡走过必留下痕迹"就是这样的状态。

2. 隐私的价值化

人们可能没有预想到有一天隐私竟然也可以成为一种买卖的"商品"。隐私本应是一个人或者是部分群体内部独占而别人无权知道的信息，但是现在隐私也逐渐变成了可以利用甚至是买卖的"商品"，具有了某种价值。现在电子商务已经深入到社会生活的各个方面，衣食住行都可以通过电商平台来解决，几乎每个人都是电商平台客户，这样就给一些不法分子可乘之机，他们通过黑客手段获取到电商用户的个人信息，包括银行卡号、手机号码等，再到黑市上卖掉获取经济利益。例如，在网上浏览过房屋装修耗材有关方面的信息，可能就会接到某装修公司的电话，还有人们经常会接到的保险、售房等推销电话。毫无疑问，我们的个人隐私已经被某些人当作"商品"卖了。

3. 隐私暴露以个性化服务提供为诱饵

追求个性化的服务的前提是提供更多的信息让别人全方位了解你。在电商环境下，用户在享受量身打造的个性化服务的同时，电商企业则利用用户活动产生的大数据赚取财富，为更了解用户的需求，电商需要更详尽的数据来确保优质的服务。在人们享受所谓的个性化服务的同时，一定会在某种程度上以牺牲个人隐私为代价。电商企业通过分析消费者的消费路径、习惯等隐私信息，在认知和解读消费者心理的基础上，改进产品、优化商品搭配、精准投放和精准营销，从而获取巨大利润。其实在数据井喷爆发的现在，全方位多层次的关于"你"的信息泄露，瞬间让你成为透明人。

大数据的魅力在于其数据的多维性、关联性与交叉重复，使得看似毫无关联的信息之间暗藏着环环相扣的紧密关系。借助大数据技术的先进性及工具的多样化，就可以根据不同信息之间的关联分析挖掘出意想不到的重要隐私信息。在大数据时代我们生活得像是透明体，我们甚至不知道自己是否时时刻刻在间接或直接地暴露自己的隐私。尤其是电子商务交易中会涉及个人银行账户信息，处理不好则会面临金钱损失等风险。

（二）电子商务中个人隐私泄露的原因

1. 电子商务平台自身安全性不足

电子商务是目前正在蓬勃发展的产业，数以亿计的用户数量和信息量已经使它成为众多企业和不法分子的头号目标，电子商务企业也明白自己的处境，因此会投入巨额资金以保障电商平台的安全。但是在电商平台系统自身的架构和模块方面还存在着很多不确定的因素，比如，开发人员缺乏安全开发的技能和意识，这将导致开发的平台能够满足业务发展的需求，但并不能满足业务的安全需求。

2. "强制"条款导致隐私泄露

生活中我们应该都有过这种经历：当注册会员或者是安装某些应用程序时，都会让我们选择同意遵守用户协议，否则就不能够安装或者注册，但是这些协议内容常常涉及强制过度收集用户信息，比如会出现位置信息、网络通信、个人信息、日志数据、通信录等内容的强制许可条款，用户要想使用该软件就只能妥协。只有在无条件接受的情况下，才能使用该软件，如手机安装淘宝、京东商城等。这种做法虽然给予用户关于隐私的知情权，但未给予用户选择权，也导致用户只好选择将一些隐私信息泄漏，以获得一些个性化优质服务。这些电子商务平台一开始就为侵犯个人隐私做好了免责准备，因此收集个人隐私的时候更是无所顾忌了。

3. 以营利为目的的网络犯罪

近几年电子商务迅猛发展，但与此同时隐私泄露的新闻却也是不绝于耳，造成损失惨重。不管是"12306"用户信息泄露、携程支付日志出现漏洞，还是淘宝"钓鱼网站"诈骗，我们都应该意识到当电商企业不可避免地需要使用和维护大型数据库时,黑客更容易从中提取数据并将之出售在黑市上,这对隐私安全保护造成了极大的困难。

4. 用户没有安全隐患意识

人们不会主动暴露自己的隐私,这是毋庸置疑的。随着现在科技的发展,我们享受着各种服务,生活越来越便利,也更乐意分享自己的生活,所以可能在无意识中就把个人信息公布于众。各种应用软件大都有定位服务,用户通过社交网络可以将自己的定位、喜好、手机型号等与大家分享,虽然为人际交往提供了极大的便利,但也在无意中泄露了自己的隐私,而电子商务中更多的是用户在毫无警觉的情况下将自己的银行卡、手机号等信息泄露。隐私保护意识显得尤为重要,一个不在意的信息公开就有可能成为一个隐私泄露的导火索,可能会使得一连串的个人隐私信息无处可藏。但是大部分人还是缺乏保护意识或者认为这无关紧要,然后在无意中将自己暴露于无形。

5. 对个人隐私认识的差异化

个人经历和自身特性也会影响对隐私问题的看法。有研究表明,高管们通常都会低估客户对隐私的担忧;精通技术和受过教育的受访者更会意识到且更担心潜在的网上隐私的侵犯;席汉(Sheehan)等人发现女人比男人更担心她们隐私信息被收集;科尔南(Culnan)发现年轻人、穷人、接受更少教育的人更少担忧个人隐私的泄露。但是另一方面在生活中男性比女性更具理性,虽然女性会担心自己的隐私安全,但是她们在生活中常常会比男性更容易泄露自己的信息。另外,有些信息对于某些用户来说是无关紧要的,比如有些用户经常分享的位置信息、照片等,他们觉得这些东西分享也无所谓,但是对于高度关注隐私泄露的用户来说这些就是自己的隐私,不会分享。

2013年的美国"棱镜门"事件到现在还让人记忆犹新,感到不安,好像任何行为都变成了别人眼中冰冷的数据。作为普通的电商用户,我们不可能去违背时代发展的方向,只能提高自己的保护意识,尽量将损失降到最低。

(三)电子商务中个人隐私保护的对策

电子商务的发展给我们的生活带来了便利,我们的衣食住用行,甚至交学费、水电费、罚款、医疗费等都可以通过电商平台进行，省时省力，方便快捷。但不断增长的隐私泄露事件也给我们带来困扰，敲响了安全警钟。我们比以往任何时代都要忍受着更多的隐私被泄露和生活受到骚扰所带来的烦恼，在享受便利服务的同时还要保证隐私不被泄露是个两难的问题，需要各方共同的努力才能够事半功倍。

电子商务环境下隐私的保护涉及两大主体即电子商务企业和用户，双方的互动是在国家监管下进行的，国家层面的监管需要考虑个人隐私的保护，最重要的就是相关法律法规的完善与利用。不管是用户层面、电子商务企业层面还是国家层面，其隐私保护都离不开技术、法律和意识三个方面，三者不断循环共同进步。

1. 电商平台：技术与意识双重保险

确保电子商务信息安全三分靠技术七分靠管理。电子商务平台首先需要有确保信息安全的意识，才能够将个人信息保护贯穿于企业的所有管理流程中。

技术和意识是双保险，两者缺一不可。

（1）技术保障

随着计算机网络的飞速发展和广泛应用，信息安全技术也在不断地进步，不安全的挑战促进了安全技术的进步，电子商务平台的安全技术人员一直在跟各种黑客行为作斗争。在电子商务中具有代表性的信息安全保障技术主要有以下两种。

第一，数据加密技术。加密技术是电子商务采取的主要保密安全措施，是最常用的保密安全手段。加密利用基于数学算法的程序和保密的密钥对信息主要是普通的文本（明文）进行编码，生成难以理解的字符串（密文），以便只有接收者和发送者才能理解。这样可以在阻止非法用户使用原始数据，从而在一定程度上保障用户的隐私安全。

第二，防火墙技术。它是一种将内部网和公共网分开的方法，实际上是一种隔离技术，是安全网络（被保护的内网）与非安全网络（外部网络）之间的一道屏障，以预防发生不可预测的、潜在的网络入侵。但是防火墙不能够预防来自网络内部的攻击。

（2）意识保障

第一，电子商务企业应该具有安全意识，建立用户信息保护机制，明确底线，用户和企业的隐私绝对不能泄露。首先，在这种意识的指导下，明确有些数据在企业内部是可以共享的，而有些用户信息是不能够共享的，尤其是电子商务中的支付信息，这涉及用户资金安全，只能由某些特定部门保管，其他部门利用则需要经过特定的审批程序。其次，电子商务企业应该对自己平台系统的安全指数有全面的了解，提高软件安全防护能力，优化平台功能，不仅能满足于平台业务功能的实现，而且其安全功能也要达到一个更高的等级。

第二，电子商务企业还应该具有责任意识。不管是国家法律规定的，还是行业道德约束的，都应该主动承担起用户隐私保护的先锋地位，让用户更加信任，才能发展得更好。目前，国内比较大型的电商企业，如天猫、京东、苏宁易购等，都有专业的安全管理团队实时对系统进行防护，确保安全运行。

第三，防患于未然。对于外部攻击，电商企业应该做好前期控制工作，对安全防护系统进行漏洞自检。2016年美国国防部举行黑客大比武，寻找五角大楼网站新漏洞，最终找到100多个有价值的漏洞。这种做法在企业界屡见不鲜，"白帽黑客"受邀，抢在真正黑客发动恶意攻击之前发现并堵住网络漏洞。电子商务企业应该学习并且经常举办这种活动，及时找到漏洞，并做出修补，防患于未然。

2. 用户：增强隐私保护意识

部分网络消费者并不十分了解网络电子商务的特征，对发布网络个人信息的后果缺乏足够认识，个人防范意识不强，例如使用重复的用户名和密码，使用简单易破解的用户密码，以及随意使用一些恶意的计算机软件等，最终都将导致个人信息泄露事件的发生。

第一，增强隐私保护的意识。作为一名普通的电商用户，自身应增强个人信息安全的保护意识。从身边一点一滴的小事做起，在填写个人信息资料时，除了填写商家要求必须要填写的内容外，尽量不要提供与个人相关的其他敏感信息，必要时可提供一些虚假的信息。

第二，增强隐私保护的法律意识。网络消费者还应增强个人信息保护的法律意识，学会利用法律武器来维护自己的合法权益，对于网络上的一些侵权行为，我们不能表现出一种漠不关心、无所谓的态度，而是要及时留存证据，积极维护自己的正当权利。

第五章 个人信息安全保护立法改革与实践

世界各国共同面临着个人信息保护的难题。为了应对这个严峻的社会问题，各国都着手制定了个人数据保护法，并形成了以欧盟和美国为代表的二分格局。本章分别从个人信息安全与保护的标准、欧美信息安全与保护立法改革与实践、我国个人信息安全与保护的立法实践进行阐述。

第一节 个人信息安全与保护的标准

随着经济全球化趋势地不断加快，包括技术法规、技术标准、认证评定程序等基本内容的贸易技术壁垒，正在影响着我们的社会和经济活动，并产生举足轻重的作用。

个人信息安全标准是顺应全球经济一体化的发展趋势，为经济、社会活动提供标准化支撑和保障的基本规则。

一、标准的定义

在我国国家标准 GB/T3935.1 中，将标准定义为：标准是对重复性事物和概念所作的统一规定。它是建立在科学、技术与实践经验综合成果之上，经过有关各方协商一致并征得主管机构批准后，通过特定形式予以公布，成为人们普遍遵循的准则和依据。在《GB/T20000.1-2002 标准化工作指南第一部分标准化和相关活动的通用词汇》中，修订标准化定义为：为了在一定的范围内获得最佳秩序，经协商一致制定并由公认机构批准，共同使用的和重复使用的一种规范文件。标准宜以科学、技术和经验的综合成果为基础，以促进最佳的共同效益为目的。

标准定义包含了以下几个方面的特点：

（1）重复性。标准制定的对象是事物和概念，具有重复出现且状态相对稳定的特点。全面质量管理在企业生产管理中被反复利用、重复检验。根据反复应用积累的实践经验制定标准，指导、规范后来实践的依据，以减少实践活动中多余的重复工作，扩大标准的重复利用。

（2）统一性。标准是一种统一规定，体现了标准的民主、科学、社会、适用和公正。标准经有关各方（生产、用户、检测等）协商一致制定，形成统一的、各方均可接受的、共同遵守的准则和依据，保证在一定的范围内获得最佳秩序。

（3）科学性。标准制定是建立在科学、技术、实践经验等综合成果之上。标准制定时，以该综合结果为依据，对结果进行分析、对比、筛选、验证等实践活动，判断其可行性、合理性、普遍性和规律性，经过科学论证，形成规范、科学、严谨的标准。

（4）权威性。标准须由公认机构批准。公认机构可以是国家授权的或社会公认的法定组织机构或管理机构。经过公认机构对标准的制定过程以及内容等方面进行审查后，证实了该标准具有科学性、民主性、社会性、可行性、适用性及公正性后，为确保标准的严肃性及公布后的权威性，需要通过特定的形式公布。

二、标准理论

标准制定，需要理论支撑和实践的总结。理论基础，包括标准化理论、系统科学理论、专业理论等。标准化理论，包括方法论和管理理论。

（一）方法论

1. 简化原理

研究标准化对象的结构、功能、性能等内涵和表象，并筛选、提炼，精炼并确定其共性和个性、能够满足普适性需要的高效能环节。对多余的、不能反映标准化对象本质的、可替换的元素，予以剔除，保持标准整体精炼、合理，效率相对较高。

2. 统一原理

对依据简化原理精炼并确定的满足普适性需要的高效能环节，需要确定适合一定时期、一定条件的一致性规范。环节包括标准化对象特征要素，如形式、功能、性能及其他技术特性等，与所指代的标准化对象达到等效。

3. 协调原理

建立标准化体系时，采用适宜、有效的方式，协调体系相关的内、外因素，协调体系内标准之间的适应性、平衡性、一致性，保证标准体系整体功能达到最佳，产生实际效能。

4. 优化原理

基于简化、统一、协调，根据标准制定目标，设计、选择、精炼、调整标准构成要素及其相互关系，以达到最佳效果。

（二）管理理论

1. 系统效应原理

系统效应是构成标准体系的各个子系统相互关联、相互影响、相互协同形成的整体效应，整体效应大于子系统的单一效应。

系统效应原理，强调标准化体系的系统性、合理性和系统效能，而非子系统数量和单一效应。

2. 结构优化原理

标准化体系构成要素形成的标准化结构，是提升标准化体系系统效应的关键，是标准化体系的构成基础。

结构优化原理，是优化标准化体系结构，使之有序、合理、有效，从而产生最大系统效能。

3. 有序发展原理

标准化体系的构成要素和功能，是随着时间、环境、技术等的发展、变化，适时调整、改进、完善，以保持标准的有序性，不断发挥系统效应。

4. 反馈控制原理

标准化体系的构成要素，是相互关联、相互作用的，同时，受到外部环境的制约和影响。依据有序发展原理，体系是动态可调整的，它不断接受内、外部各种信息的反馈，从而实现标准化体系的调节和控制。

反馈是保证标准化体系有序演化、发展，保持体系构成要素的稳定性和环境适应性，是实现标准化目标的主要因素。

（三）系统科学理论

主要包括系统论、控制论和信息论。

1. 系统论

根据贝塔朗菲（L.Von.Bertalanffy）的理论，任何系统都是有机的整体，不是由系统构成要素简单叠加或组合形成的，系统的整体功能是各个构成要素在孤立状态下不具有的性质。

贝塔朗菲认为，系统构成要素不是孤立存在的，各个要素处于相对的位置，发挥特定的作用。要素之间相互关联、作用，构成系统整体，发挥整体系统效应。

在标准化体系研究中运用系统论的基本理论和思想，是用系统、动态、分层的方法，分析、研究标准化体系的构成要素、功能，研究要素、环境和标准化体系的相互关联、作用和影响，优化、改进、完善标准化体系。

2. 控制论

控制论是研究各种类系统的调节和控制规律的科学。依据诺伯特·维纳（Norbert Wiener）的理论，控制论这门科学是研究在环境条件不断改变的条件下，动态系统的平衡或稳定状态是怎样保持的。

用系统论的基本理论和思想研究标准化体系，不能缺失人为的控制和干预。依据控制论理论，标准化体系控制和干预，可以采用PDCA过程模式，计划、组织、检查、改进、完善，控制活动的动态循环过程。

3. 信息论

信息论是控制论的基础。控制论的基本特征之一是在外部环境和系统之间存在信息传递的通道。依据反馈控制原理，标准化体系不断接受内、外部各种信息的反馈，在环境、条件等制约因素和演化过程中，使标准趋近于事实，实现标准化体系的管理和控制目的。

三、标准的属性和特征

个人信息安全标准作为个人信息生态环境的安全的衡量标准，确保了个人信息生态系统的平衡有序。个人信息安全标准有其特定的性质与特点，可以从不同角度、不同方面研究个人信息安全。

属性和特征是相互关联又相互区别的两个基本概念。属性是标准的内在的性质，特征是标准的外在的表现形式。属性是个人信息安全标准区别于其他标准的特殊性，特征则是这种特殊性的外在表现。

个人信息安全标准的属性主要包括：

（1）客观性

个人信息生态系统的存在是客观的，个人信息安全标准反映系统内在功能和演化，规范、制约系统内各要素行为；个人信息安全标准是开放、可调整的，依据个人信息生态系统的演化、个人信息生态环境变化、社会生态系统演化，调整、改进、完善。

（2）社会性

个人信息安全标准是约束个人信息生态系统要素行为的社会机制和社会秩序；个人信息安全标准是个人信息生态系统与社会生态系统相互关联、相互作用、相互影响，并将结果转化为机制、秩序。

基于属性的特征表现主要包括：

（1）目的有效性。个人信息安全标准覆盖个人信息生态系统，涉及个人信息生态系统内要素、关系、过程、管理、环境、条件等，也涉及社会生态系统对个人信息生态系统的作用、影响，需要规范个人信息生态系统内要素的自组织行为，也需要保证个人信息生态系统平衡，同时，需要保证社会生态系统与个人信息生态系统的和谐。因而，目的是复合、多样的，目的的有效性，可以保证个人信息安全标准内涵的适宜性。

（2）生态环境多样性。个人信息生态系统与社会生态系统是共生的，社会生态系统是由多要素构成的复杂系统，是人类群体与其生存环境在特定时间、空间、环境、条件下的组合。因而，个人信息生态环境是复杂、多样的，个人信息安全标准必须适应这种多样性。

（3）开放性。个人信息生态系统与社会系统、社会生态系统相互关联、相互作用、相互影响，因而，个人信息安全标准是开放的，必须适应社会、经济的发展。

（4）相关性。个人信息生态系统与社会生态系统相关，个人信息安全标准的形成过程，是在社会生态系统内实施个人信息管理的过程。标准的功能，体现了整体性、完整性，构建了个人信息生态系统组织秩序，促进了社会生态的有效演化。

个人信息安全标准的功能是统一、协调、相互补偿的，是形成个人信息管理的最佳秩序和效能。

四、标准的研究

（一）研究综述

个人信息保护管理体系或个人信息管理体系（Personalin Formation management system），是以保护（手段）为目的，规范与手段相关的法律适用、技术适用和管理适用的策略和方式、方法。

如前所述，体系是个人信息生态系统的演化形态。这个形态可以映射出个人信息生态系统的特征、属性，包括环境因素、人为因素、技术因素、管理因素、制约个人信息生态系统的社会生态系统因素等。这些因素相互关联、相互作用、相互影响，在他组织、自组织行为效能的制约下，实现相对均衡的状态。

同时，体系不是孤立、割裂的，构成体系的要素、过程、活动也不是孤立、割裂的，而是与生态系统相关联、相制约，接受生态系统确立的秩序、规范、有效地展开体系内各种活动，约束关键物种的行为。

个人信息管理体系规则的建立，应基于个人信息的生态环境，研究个人信息的存在形态、制约因素、他组织行为等，统一、系统、科学、完整地规范个人信息管理活动和行为。

（二）个人信息保护管理体系

日本明确建立了公共部门与非公共部门个人信息保护的基本准则，并在特殊领域制定个别法以激励非公共部门建立行业自律的个人信息保护机制。

在1999年3月，日本信息处理开发协会（JIPDEC）制订了日本工业标准（JIS）《个人信息保护管理体系要求事项》，个人信息保护标识机制开始实施。个人信息保护审核、认证工作（P—MARK认证）根据JISQ15001执行。

日本工业标准JISQ15001：2006《个人信息保护管理体系—要求事项》规定了个人信息保护管理体系的相关事项。主要包括：

（1）对个人信息要进行科学、系统地管理，并确定体系管理的管理形式。

（2）个人信息保护方针要制定出台，管理体系需要遵循和执行的规定和措施要加以规范。

（3）基于管理体系的PDCA过程模式等。

要求事项没有法律效力，它只能借助于行政指导、行业自律和认证的手段，且无法对个人信息的采集、处理、使用行为进行制约，因而导致个人信息被恶意采集、使用或者泄露的现象屡屡出现，且事后救济与制裁措施不够健全。

2005年起施行的《个人信息保护法》是日本施行个人信息保护的基本法律。本着对个人信息进行有效利用并同时予以保护的宗旨，制定了个人信息保护基本方针及应当采取的对策，并对国家、地方公共团体应尽的职责与义务以及对个人信息进行加工、处理的个人信息处理者应尽的义务进行了界定。

除《个人信息保护法》外，国家行政机关、地方公共团体、行政法人等也分别制定了关于个人信息保护的规定，如《关于行政机关持有的个人信息保护的法律》《关于独立行政法人持有的个人信息保护的法律》等。这意味着日本已建构起较为完备的个人信息保护法律制度体系。

日本个人信息保护法律体系在以人格利益保护的前提下促进行业自律机制的发展，确保了法律能够有效与充分地执行。因此，日本个人信息保护体系相对宽泛、适用。

（三）个人信息管理体系规范

欧盟各国普遍认为，人格权是法律赋予自然人的基本权利，个人信息体现了自然人的人格利益，所以应当采取相应的法律手段加以保护。因而，欧盟制定了一系列严格、完善、规范的个人信息保护法律框架。它采用两个层次的立法模式：欧盟统一立法和欧盟成员国国内立法。通过指令、原则、准则、指南等立法规制，欧盟要求各成员国建立统一的个人信息保护法律、法规体系，保证个人信息在成员国之间自由流通。

欧盟于1995年通过的《个人信息保护指令》。这一指令几乎涉及个人信息保护的各个领域，其中也涉及个人信息的处理形式、个人信息的采集、记录、存储、修改、使用或者销毁以及以网络为载体进行的个人信息采集、记录和传播等。

欧盟立法模式有着广泛的社会覆盖，适用于与个人信息有关的各类行为。同时其限制将个人信息跨境传送至第三国，要求跨境传输必须通过欧盟的"充分性"保护标准。

欧盟立法以传统人格权理论为标杆，强调以人格利益为核心来保护精神权益。伴随着社会发展和经济一体化，尤其是科技的发展，人格利益所蕴含的商业价值与经济利益更加丰富与直接，体现出人格利益商品化与多元化。然而立法模式所造成的"边界效应"常常使得法律流于形式。

2009年6月2日，英国公布欧盟第一个个人信息保护标准BS10012，以维护和提高数据保护法律有效性。该标准的公布明确地表明了单靠严格的法律是无法保障个人信息安全的，必须要有相应的标准来维护和提高对法律的遵从度。BS10012借鉴了世界各国已经成功执行的相应标准的经验、数据安全方面的需求变化和社会经济科技等方面的最新进展，从而符合英国和欧盟的现实国情。

在标准制订中，BS10012是可借鉴的，主要表现在以下几点：

（1）BS10012以法律为依据，不断健全、完善管理体系。因而，在制定相应标准时，要充分考虑到在无法律依托保证标准的情况下应该怎样保持标准的严谨性和可操作性，使行业自律的有效性和充分性得到保证。

（2）PDCA模式是BS10012采用的建立标准。在制定相应标准时，是采用相应模式，还是将 PDCA 思想融于整体框架中，是标准的可读性、可操作性的选择。

（3）BS10012 是按欧洲人惯例进行表意，并有法律依托，因此，理解上可能会出现偏差。相比之下，规范表意对国情和习惯的传达，从而使得标准有普适价值。

（四）中国的标准化创新之路

自 2004 年开始，大连软件行业协会在大连市信息产业局的支持下，组织专家、企业及相关人员开始研究个人信息保护的相关问题，并基于个人信息保护相关问题、理论和实践的研究，相继发布实施了《大连软件及信息服务业个人信息保护规范》、DB21/T1522《辽宁省软件及信息服务业个人信息保护规范》地方标准。为提高全社会的个人信息保护意识，规范个人信息管理和使用，维护公民基本的人格权，构建个人信息保护体系，2008 年 6 月 19 日，我国第一部个人信息保护地方标准——DB21/T1628《个人信息保护规范》在大连软交会期间由辽宁省正式发布。这一规范使个人信息保护制度在企事业、机关团体等组织的建立变得有据可依，个人信息保护能力和个人信息安全规范管理水平和质量得到提高。

在个人信息安全标准研究中，遵循以下原则：

（1）实用性和前瞻性相结合。遵循经济社会发展需求和信息安全特点，在注重科技进步与经济社会发展的前提下，制定切实可行的适用标准。

（2）引用与发展结合。由于国内尚未形成相关个人信息安全的法律、法规体系，未有成熟的经验可资借鉴，同时，企业也没有建立个人信息安全管理体系的经验，因此，对国外法律法规规定、标准进行借鉴与引用，是中国建设个人信息安全标准的一条有效途径。但我们要采取发展的观点，结合中国的国情与特点进行创新，制定出符合中国经济与社会发展要求的规范。

DB21/T1628-2008《个人信息保护规范》主要依据国际、国内相关法律、法规及信息安全相关标准，如 ISO27001、ISO27002、JISQ15001、我国《个人信息保护法》专家建议稿、《辽宁省软件及信息服务业个人信息保护规范》等，遵循 OECD《关于保护隐私和个人信息跨国流通的指导原则》，参考国际通行的个人信息保护相关法规和行业自律模式编制。

《辽宁省个人信息保护规范》以尊重和保护个人的人格权为基础，在全社会范围内实施和推广编制，具有以下特点：

（1）自动和非自动处理

由于种种原因，社会各行业的个人信息业务中，仍存在数量庞大，不能通过自动处理，且需要人工手动收集、处理、储存、传递、检索、咨询和交换的个人信息。我国的实际情况决定了非自动处理的个人信息将在一定的时间和阶段内普遍存在，这正是个人信息保护关注的焦点之一。所以在规范里，我们要认为这些非自动处理的个人信息与自动处理有着相同的重要性。

（2）个人信息数据库

个人信息数据库被标准定义分为了三种类型：一种是可以对特定的个人信息的集合体进行自动处理检索的，如磁介质、电子及网络媒介等；一种是可以对纸介质、声音和照片等具体的个人信息集合体，通过非自动处理的方式进行检索和查阅的；除前面两种情况之外，法律还对可以检索特定个人信息集合体的个人信息数据库做了规定。

（3）个人信息的利用行为

当前，在海量的个人信息使用行为中，社会将关注点对准了个人信息的二次开发与交易。部分商业机构在利益的驱动下，对个人信息进行分析、挖掘和处理，获取个人信息主体的个人隐私，或者出卖个人信息牟利，个人信息及其主体的安全隐患巨大。交易行为主要表现为个人信息管理者交换、销售其拥有的个人信息。无论是个人信息交易或者个人信息交换都大多发生于个人信息主体不了解或者无法控制的场合，因此这就直接侵害了个人信息主体的知情权、控制权和其他合法权益，而对个人信息主体损害可能更加严重——个人信息主体人格权益有可能会造成不可逆的丧失。人格权益丧失，会对个人信息、个人信息的主体安全带来极大的隐患与威胁，所以个人信息使用的规范化问题是规范中重点考虑的。

（4）个人信息保护认证机制

当下，个人信息保护评价体系在大连如火如荼地实施和开展着，对个人信息的保护以及企业形象和信誉的维护已经有了不错的效果，可以供大家借鉴、学习。因此，《辽宁省个人信息保护规范》中规定："为提供个人信息保护的质量保证，应对个人信息管理者实施个人信息保护的状况进行评价,以确定其与个人信息保护相关法律、法规、规范的符合性、一致性和目的有效性,并以此作为颁发个人信息保护认证证书的依据。"

经过多年的深入研究、实践验证和经济、社会的发展,个人信息安全事件的特征发生变化,对个人信息相关安全法规、标准的认识不断进步发展,我们重新梳理、阐释个人信息保护的内涵,研究个人信息保护与信息安全、管理体系的关联关系,研究个人信息生态系统中个人信息的存在等,重新修订DB21/T1628-2008《个人信息保护规范》,建立科学化、规范化、体系化的个人信息安全标准。

基于前述的研究,DB21/T1628.1-2012《个人信息保护规范》(修订)采纳了GB/T24405IT服务管理的基本思想和GB/T19001质量管理原则,以服务管理为导向,关注个人信息生命周期内服务管理能力、服务管理质量,构建相对平衡的个人信息生态环境,通过质量管控实现安全目的。规范规定普适的个人信息管理过程中各要素的约束条件。在管理过程中,管理活动或行为可以视为要素。在个人信息管理过程中,个人信息保护是针对个人信息及相关资源、环境、管理体系等要素的管理活动或行为之一。

在修订中,与DB21/T1628-2008比较,DB21/T1628.1-2012的主要变化,包括:

(1)以个人信息安全管理体系替换个人信息保护体系。

(2)以个人信息安全管理体系内审替换个人信息保护监察。

(3)个人信息安全管理体系要素划分调整为个人信息管理方针、个人信息管理机构和职责、个人信息管理机制、个人信息管理过程、个人信息安全管理、个人信息安全管理体系内审、过程改进和应急管理。

(4)以个人信息管理机构替换个人信息保护管理机构。

(5)个人信息保护是针对个人信息及相关资源、环境、管理体系的管理活动或行为之一,因而将个人信息保护修订为个人信息管理,增加了个人信息管理相关规则,标准各章节依据这一规则修订。

(6)修订个人信息交易相关条款。

(7)原13、16章合并,并修订为过程改进。

（8）个人信息保护负责人调整为个人信息管理者代表；个人信息保护监察负责人调整为个人信息安全管理体系内审代表。

本部分的修订，充分考虑其他管理体系，如 GB/T19001-2000、GB/T24405.1-2009、GB/T24405.2-2010、GB/T22080-2008、GB/T22081-2008 等的特点，为多种管理体系的融合实施，奠定适宜的基础。经过多年的研究、实践，大连已经为建设个人信息安全标准系列积累了大量的规范、文档、资料和经验，形成了标准化知识体系的雏形。

由于个人信息的多样态存在和分布，个人信息安全涉及管理、业务、技术安全、信息安全、质量管理、认证体系、认证保证等全方位、多领域的研究。同时，由于社会生态系统与个人信息生态系统的共生关系，个人信息安全与复杂的社会因素存在必然的联系。因而，建设科学、规范、普适的个人信息安全标准系列，是个人信息安全发展趋势的使然。

在 DB21/T1628.1-2012《个人信息保护规范》（修订）中，我们提出了标准化设想，主要包括：个人信息安全管理体系实施指南；个人信息数据库管理指南；个人信息管理文档管理指南；个人信息安全风险管理指南；个人信息安全管理体系安全技术实施指南；个人信息安全管理体系内审实施指南等。

第二节 欧美信息安全与保护立法改革与实践

一、欧盟个人信息立法保护动向

在欧洲互联网法律领域中，数据信息保护的地位日益显著。伴随着人们工作和生活环境的日益智能化，社会已进入万物互联的"物联网"时代，在这海量的个人信息数据海洋里收集数据信息，将会给我们带来经济、管理和创新等方面的新契机。同时，信息主体主动公开个人信息、信息不正当泄露以及机构和企业无限发掘信息等行为也使个人被区别对待、不公正待遇和自由表达面临着不断加大的潜在风险。自 20 世纪 90 年代以来，在网络上造成了一系列经济问题的同时，欧盟已经开始提出规制措施并颁布有关互联网的各项指令。伴随着科技的进步，法律已无法适应科技的进步后的情况，欧盟开始对数据保护进行新一轮立法改革并提出新的数据保护草案。经过数次修订，2016年4月14日，欧洲议会投票通过了商讨四年的《通用数据保护条例》，在2018年5月25日正式生效。

欧盟启动的信息保护的立法改革主要体现在以下几个方面：

（一）立法趋势：向着保护财产权方向演进

个人信息具有重大经济价值。个人信息的归属者是谁？哪些人有权禁止其他人收集和利用个人信息？产权的分界不清不楚将使信息产业中强势的一方在个人信息上夺取更多的财产性利益。这实际上相当于为有实力的市场经营者在个人信息中攫取经济利益预留机会。欧盟率先认识到这一点，立法改革呈现出向着财产权保护方向迈进的趋势。

1.《数据保护指令》

欧盟在1995年出台的《数据保护指令》，是欧盟隐私和人权法中的一块拼图。但信息主体或控制者并未在这项立法中明确获得个人信息中的财产权。

关于《数据保护指令》存在两种解释。一种解释认为，在《数据保护指令》中，信息主体已经被法令赋予了个人信息中的一系列默认权利。支持该观点的学者提出两个理由进行论述：一是规范的核心地位是指令对个人隐私的保护，二是个体通过指令获得一套全面的体系来掌控其个人信息。例如，该指令第18条规定了信息控制者将其数据处理活动透露给监管当局的责任；第10条和第11条规定了信息控制者或者加工者对信息主体进行加工时负有告知其有关信息加工事实和基本详细情况的责任；根据第12条，信息主体有权查阅其个人信息，其中包括所查询的信息被用在哪里、信息处理的目的、信息接收者和所获得信息的来源等。从这些角度分析，控制个人信息的权利似乎已经《数据保护指令》赋予信息主体。信息主体对个人信息的公开与否享有决定权。

另一种解释称《数据保护指令》可被理解为给予信息主体支配其信息并享有公开其信息的默认权。从这一认识上讲，未经信息主体同意就应当禁止个人信息的处置，但信息主体这一权利受法律限制时的除外，也就是，法律对信息处理设定了其他正当合理的原因。一些学者主张，欧盟出台的《数据保护指令》应该把个人信息财产性权利授予信息主体。

应当指出，现实中信息主体所享有的允许信息控制者利用个人信息的同意筛选机制，当信息控制者对其信息处理的正当利益获得承认而进行追求时，通常并没有优先适用规范的可能。

简而言之，欧盟于1995年出台的《数据保护指令》没有明确个人信息财产权的归属，个人信息财产权的规范基础也不明确。由此，很难辩明个人信息财产权归属中谁有排他性权利。

2.《通用数据保护条例》草案

欧委会于2012年提出《通用数据保护条例》草案。该草案也并未明确赋予个人以个人信息财产权，并未明确构建个人信息财产权的制度。但是明确提出信息财产权三方面内容，其中包括个人信息默认权利向信息主体初始性配置、随信息转让义务和负担等，信息主体可以寻求基于财产规则的救济方式。具体解释如下：

（1）信息主体享有的个人信息的默认权利只是部分被转移

第一，在构成信息财产权的三要素中，《通用数据保护条例》草案第6条规定了信息使用的"同意规则"。信息主体同意为信息控制者正当办理个人信息提供了前提条件。信息使用者一定要清楚地告诉信息主体其信息收集和利用的用途；信息主体仍保留请求信息使用者对个人信息进行修改和删除以及终止信息处理等权利。

另外，《通用数据保护条例》草案第17条，将"被遗忘权和删除"授予信息主体。"被遗忘权"不具有财产性质，但这种权利的授予，加重了信息使用者的责任。当信息使用者已无须利用个人信息、信息使用与信息采集成立目的没有关联、信息主体撤回同意、个人信息利用期限到期或者继续留用的弊大于继续留用之利的时候，有权请求信息使用者对个人信息予以删除以避免其继续扩散。

从这一观点出发，一些学者指出《通用数据保护条例》草案基于数据信息是可易手的商品这一假设，同时，信息主体保留着其信息这一财产的终极性权利。事实上，信息使用者所得到的正是对个人信息利用的"许可"。信息主体通过合同安排仅在临时和一定程度上让渡其信息权。信息主体对于个人信息有终止许可使用的决定权以及基于法定原因请求信息使用者终止存储、分析和利用该个人信息的权利。

（2）义务与负担随着信息的转移而转移

例如，《通用数据保护条例》草案第17条规定，任何信息的控制者对信息的公开负有责任时，都必须"采取合理的措施……告知处理个人信息的第三方，信息主体要求他们删除链接、拷贝或复制信息的请求"。信息处理第三方需尊重信息主体要求将个人信息遗忘和删去的权利，否则将遭受制裁。这种负担既束缚了合同关系当事人，又束缚了可能与个人信息接触并分析和利用这些个人信息的第三人。义务和负担随着信息的移转而移转，无论它们同信息主体之间有无合同关系。《通用数据保护条例》草案构建的规则都表现为对世权特征，并具有财产权特征属性。

（3）信息主体可寻求以财产规则为基础的救济方法

那些常用于维护财产利益的举措被纳入草案所建构的救济体系。例如，在财产权保护办法上，法院和立法机关往往通过救济手段来恢复所有人的权利；通过发布禁止令救济手段和通过罚金和惩罚性赔偿救济手段。

《通用数据保护条例》草案规定了信息主体责成信息使用者将个人信息删除的若干办法，实质上旨在恢复信息主体对于个人信息的专有权利。信息主体在信息安全受到危胁时可以向地方监管部门投诉。草案第53条规定，监管部门有权命令实施违法行为的一方修改、删除、销毁个人信息。同时信息主体也可直接到当地法院起诉；第75和76条授予法院就违法行为发布禁止令的权利。

其实，财产权就是依据社会发展、人的需求、价值观并最终经过法律承认而创制的。2012年欧盟出台的《通用数据保护条例》草案向我们展示了个人信息和隐私保护中带有财产权保护倾向的解决方案，从而使信息主体更好地保护个人信息、捍卫自身尊严。

3.《通用数据保护条例》生效文本

欧洲议会在2016年4月14日投票通过了《通用数据保护条例》，并于2018年5月25日正式生效。这一正式文本使欧盟公民对个人信息自决权与控制权得到加强，个人信息自决权与控制权成为欧盟公民基本人权之一；欧盟数据保护规则得到统一，欧盟个人信息保护与规制过程得到简化。

条例第35条规定了一项义务，在数据信息泄露有可能给个人信息、隐私权利和合法利益保护带来不利影响的情况下，要评估数据处理带来的操作风险。条例第34条规定，个人信息泄露可能给自然人的权利和自由带来高风险时，信息控制者应当将个人信息泄露的有关情况告知信息主体，不得无故拖延。

关于个人信息控制权问题，条例规定信息控制者不得误导或者迫使信息主体作出同意信息处理的声明，当信息主体同意信息控制者办理个人信息时，不应作为全权授权或作为信息控制者滥用、任意处理个人信息的理由。信息控制者要接受信息处理目的制约、信息主体限制加工自己的个人信息的附加条件，等等。

条例第7条关于"同意规则"的规定，力图解决信息主体和信息控制者之间力量的不对称，从而保证信息主体是在他们自由和真正意义上的意思下表示同意的，而非被操控下作出的选择。条例第7（2）款规定，信息控制者以书面声明形式获得信息主体授权同意并在声明内包括有关于其他问题的协议，那么获得信息主体同意的条款应当采取与声明其他条款不同的做法并明确展示出来。如果在获得信息主体授权同意方面有违反条例的条款，就会使上述协议条款全部失效。条例第7（3）款规定，虽然存在其他正当的个人信息处理理由，信息主体亦有权随时撤销自己的同意。合意的撤销并不影响同意意思表示撤销之前信息处理的合法性。同意撤销应如同同意给予那样简单容易。这一条款说明信息控制者所采取的政策和程序应当坚持对信息主体自主选择的尊重。

这样的修订，具有开创性的意义。序文第32条还指出，明确且知情的同意要通过一项声明或一项积极的行动来完成，以表明这是信息主体的自主选择。因此，沉默或仅是对一项服务应用的使用，不能构成信息主体同意信息控制者使用其个人信息的意思表示。条例明确排除了这样一种常见的商业实践，即公司将信息主体对信息处理的同意作为其提供服务的一项默认设置来操作，并由此主张对个人信息享有权利。条例第7（4）项规定，合同的执行或服务的提供不能以信息主体同意信息控制者使用其信息为条件，除非对信息主体个人信息的使用是执行双方间的合同或向信息主体提供服务所必需时，对个人信息的处理才是合法的。

序文第32条禁止通过默认选项的使用，比如默认的预勾选框的方式，来表达允许信息控制者使用个人信息的授权同意。信息主体对个人信息控制的权利通过权利的初始分配得到加强。还需注意的是，信息主体的同意还要受到目的限制的约束，当信息处理的目的已经达到或基于原初的目的，并信息没有进一步处理的必要时，信息主体的同意将会失去效力，信息控制者将不能继续使用个人信息。

《通用数据保护条例》令信息主体对个人信息的控制得到了强化，比如第17条信息主体的"删除权（被遗忘权）"、第20条"数据可移植的权利"及第21条信息主体拒绝信息处理的权利，再比如对信息控制者获得信息主体的同意设置的诸多限制条件等。当信息的处理是非法的、不相关的、超越授权的，信息主体有权要求信息控制者或处理者删除其个人信息。同时，"数据的可移植权利"规定，当信息主体向信息控制者提供的个人信息是通过电子方式予以处理的，信息主体有权要求信息控制者以一种电子的且通用可操作的格式，向其提供与自己个人信息相关的副本，允许信息主体对个人信息的使用可以不受信息控制者阻碍。只要技术上可行，且信息主体请求，数据信息可以在信息控制者之间直接传输。这样的规定构建的是信息主体对个人信息所享有的初始、默认的权利。

另外，条例第21条拓展了信息主体拒绝信息处理的权利适用范围。第21（2）款规定，在为直接营销的目的处理个人信息时，信息主体有权在任何时候拒绝有关他或她的个人信息的处理。第21（1）款规定，当个人信息的处理是为了执行公共利益的任务或是为了完成官方的要求时，或是为了控制者或第三方所追求的合法利益的需要时，任何信息主体，都有权拒绝任何与自己相关的数据处理，只有当对这些合法利益的处理超过了对信息主体基本权利与自由的保护时，信息控制者才能继续处理信息，且举证的负担要由信息控制者承担。

从《通用数据保护条例》中可以看出，无论是公民自由、司法和内政事务委员会公布的文本，还是议会修订推出的文本，在信息控制者合法的信息处理利益与信息主体的基本权利与自由间，都是在欧委会2012年草案的基础上进行地再平衡。我们看到，欧盟新一轮的数据保护立法改革，是在希望推进信息主体对个人信息进行更好控制的大背景下展开的。立法做出了很多加强信息主体对个人信息控制的立法改革，并向着财产权保护方向发展迈进。威廉·布莱克斯通在《英国法释义》中曾经谈到过："没有什么能像财产所有权那样引发人类的想象和情感——一个人拥有对世界上其他人的总体的绝对的权利。"不过，现阶段并没有任何一部法律对个人信息的财产权归属进行明确、清晰的界定，包括处于领头羊地位的欧盟法律。不论是在1995年的《数据保护指令》，2012年欧洲委员会为推进数据保护改革制定的《通用数据保护条例》草案，还是2016年4月议会通过的生效文本，都不曾在个人信息财产权的归属上进行清晰明确的界定与权利的初始配置。不对个人信息的产权归属进行界定无异于将个人信息的产权让渡给信息产业，使个人在企业面前，自主性被侵蚀，信息自决权受到侵害。不过，可喜的一面是，数据保护的立法改革，在欧盟的不断推动下，已经把强化信息主体个人信息控制权与探索实现个人信息财产权保护作为改革的方向。

（二）强化信息主体的权利

1. 对同意要求的强化

信息主体的同意是信息控制者合法处理信息的其中一个理由，也是个人对自身信息进行控制的重要保障。

在《数据保护指令》下，只有在处理敏感数据时，才需取得信息主体的明确同意，而在《通用数据保护条例》的修订过程中，根据欧委会草案备忘录的说明，有一个单一且一贯的对同意的界定，以确保信息主体意识到在哪些方面，它赋予了信息控制者处理其个人信息的同意授权。

《通用数据保护条例》序文第32条指出了信息主体同意信息控制者处理其信息的恰当作出方式，即通过声明或采取一项明确肯定行动的方式来提供。信息主体应自由地作出同意的意思表示，并给予具体、明确的指示。例如，通过书面声明，包括通过电子手段、口头声明，或是能明确表明信息主体愿意信息控制者在特定情况下处理其个人信息的方式来表达同意。

欧委会草案禁止在力量显著悬殊的背景下使用同意规则。这个规定引发了一场关于何种类型与何种范围不属于力量显著失衡情形的讨论。《通用数据保护条例》并没有在修订文本中保留此条款。它引入了一些附加条件替代原有规定，如第7（4）款规定，在判断信息控制者的行为是否违反了有关"同意应当是自由做出"时，当数据处理并不是执行双方间合同或提供服务所必需时，合同的执行或服务的提供不能以信息主体同意信息控制者处理其信息为条件。更重要的是，《通用数据保护条例》第7（3）款，数据主体被赋予了可以随时撤回同意的权利。用户应当被信息控制者明确告知享有该权利，信息控制者还应当为用户方便地行使该权利提供便利。

《通用数据保护条例》第8条是专门拟定的，适用于处理儿童信息的专用条款。条例对处理16岁以下未成年人的信息采用了不同的处理方法。6岁以下儿童的信息处理，只有当儿童的父母或法定监护人给予与信息处理程度相适应的授权同意时，信息处理行为才是合法的。《通用数据保护条例》还对保护儿童个人信息作了特别规定，但是允许各成员国对儿童年龄标准进行13—16岁的调整。

2. 被遗忘的权利

欧盟《数据保护指令》（95/46/EC）与被遗忘权最相关的条文是第12（b）与第14条。第14条规定了信息主体可以拒绝对信息进行处理的权利，但该规定的适用范围极其有限，条文中只规定了两种强行性规定的情形，要求成员国授予信息主体拒绝信息处理的权利。

首先，在来自官方授权或者涉及公共利益的情况下对信息进行处理，信息主体在拒绝对信息处理时，需具有令人信服的合理理由。

第二，当保护信息主体的基本权利和自由比保护信息控制者或接受信息披露的第三方所追求的合法利益更为重要时，信息主体也需要有说服力的合理理由来证成。"令人信服的合理理由"要求增加了信息主体证明责任，为裁判者的自由裁量留有更多裁量空间。第12（b）规定，成员国应保证每个信息主体都有权从信息控制者处"对信息做出适当的修改、删除或者限制……"但该条文对适用范围作了限定要求"该信息的处理不符合《数据保护指令》的规定，特别是因为信息的不完整或者不准确导致时"才能行使。该条文被视为信息主体享有删除权的一般条款。

《通用数据保护条例》第17条引入了一项新型权利——删除权（被遗忘权）。该条款使信息主体有权要求信息控制者删除个人信息，以避免其个人信息继续扩散。《条例》第17条第1款的核心，仍是传统个人信息保护法所设定之删除权——

当授权被用户依法撤回或者数据控制者在处理数据上已不再具有合法理由时，用户有权要求数据控制者将持有的个人信息删除。

被遗忘的权利有三个层面上的含义：第一，个人信息适时删除的权利。当个人信息采集时所确立的信息处理的目的已经达到、储存期限届满、超越授权范围进行信息处理、授权被信息主体撤回或有其他违法情形时，信息主体有权要求移除信息控制者掌握的个人信息。第二，这项权利允许人们从头再来。在特定领域，这项权利能够限制负面的信息的披露与使用，从而减少对信息主体不利的影响。这层含义是从个人与社会发展的角度来考量的，是对原谅、忘却、个体重新来过的权衡。第三个层面，是个人享有的表达见解与改变观点的自由。人们不应被定格在发表观点的当下，也无须担心所表达的内容在未来会用作对自己不利的证据。

3. 数据可复制权利

《通用数据保护条例》第20条，规定了信息主体享有的数据可复制权利。当个人信息是通过电子方式以结构化的、通用的和机器可读的格式进行处理时，信息主体有权利将个人信息的副本从服务提供商那里获取，而且可以在其他在线服务中进一步使用所取得信息副本的格式。虽然，条例在界定哪些格式属于通用格式方面予以了保留，但要想确切地界定该项新增权利的适用范围是不可能的。不论信息处理的法律依据是什么，信息主体都应能够获得通过电子方式以结构化、通用的和机器可读的格式进行信息处理的个人信息副本，且该副本能在在线服务中进一步被使用。《条例》第20条限定了数据可复制权利适用范围只能在信息主体对信息控制者实施信息处理授权或者以合同为依据处理信息的约定情形。在这样的情形下，信息主体有权将自己的个人信息以一种电子化且常用的格式从一个自动化的信息处理系统（比如社交网站）转移到另一个自动化的信息处理系统中。

在数据可复制权利上，此条款在审议过程中受到了大量的批评。首先，信息主体能否在取得副本后，删除服务提供者保存的与其相关的个人信息记录，是一个问题，这将受制于删除权（被遗忘权）在实践执行中面临的挑战。再有，序文第68条指出，该权项利适用于信息主体自身同意提供个人信息，或者处理对于履行合同是必要时的情形。如果处理是基于同意或合同以外的法律理由，则不应适用。而《条例》第 20（1）款规定的"由信息主体提供的信息"，其确切含义并不清楚，如果把它解释为由信息主体主动积极提供的信息，则该条规定的情形将与普遍践行的信息采集、使用的现实情况脱节。因为在现实生活中，大量信息的采集与使用都是在信息主体不知情的情况下进行的，更不必说信息主体的积极参与了。我们应看到，该条在实施中可能面临的诸多障碍，并且在条例规定中并未得到解决。

（三）明确个人信息保护的义务与责任

1. 目的限制原则

目的限制原则对个人信息控制权的实现非常重要。数据保护工作组指出，通过同意规则与删除权的行使实现的个人信息控制权，信息处理的目的只有当信息主体完全认识之后才有意义。

目的限制原则有两个因素：特定的目的与一致的用途。在特定目的下，只能在具体、明确、合法的目的用途下采集个人信息，这需要确定信息在每一次请求使用中的处理目的。如果信息被进一步处理，那么新的目的用途就必须明确，也就是说，信息控制者在希望获得与此前已取得同意的事项范围之外的事项的同意时，需要单独对用户进行明确的说明。一致用途的原则禁止信息处理的目的与采集时确立的目的不一致的情形下需要对信息作进一步处理。

欧委会草案规定，当信息进一步处理不满足目的一致性的要求时，但符合信息处理的法定理由的要求，那么信息控制者可以对信息展开进一步处理。这严重削弱了目的一致性要求的重要性。虽然欧委会草案中的第 5（b）款重申了《数据保护指令》中的目的限制原则，但在目的不一致的情况下，对信息的进一步处理导致的结果在指令与草案的框架下是截然不同的。在《数据保护指令》的框架下，目的不一致情况下的信息处理是非法的且应被禁止的，而欧委会草案第 6（4）款则允许在目的不一致的情况下对信息做进一步的处理，并为信息控制者提供新的处理信息的法律依据。数据保护工作组解释这样的变化意味着"总有可能通过简单地确定一个新的信息处理的法律依据的方式填补目的一致性的要求"，如改变与信息主体间的合同条款或删除相应条款段落的方式。

137

欧委会草案第6（4）款的除外规定不仅删除了目的限制原则的实质内核，同时也宣告了信息处理中保障个人控制权实现的目的限制原则的破产。《通用数据保护条例》最终删除了欧委会草案第6（4）条的例外规定。

2. 信息处理需符合主体期待

《数据保护指令》第7款允许数据处理在"信息控制者为了追求合法利益"时进行，"除非该利益被第1（1）款所保护的信息主体的基本权利与自由的利益所超越"。该条款的适用明显需要解释，需要在合法的利益与信息主体的基本权利与自由的利益之间进行权衡，比如在业务的开展与对隐私、信息自决与个人信息控制权的保护之间。

不论是欧委会草案，还是2016《通用数据保护条例》，在同一个条款第6（1）（f）项，即在平衡信息控制者合法利益时，并不是与信息主体的个人信息权的保护平衡，而是与"需要给予保护的信息主体的基本权利与自由的利益"的平衡。这呈现出一种较弱保护的状态。信息控制者合法项，以及在最初及预期进一步处理信息的操作中，是否存在适当的保护措施第6（4）（e）项。序文第47条指出，无论如何，合法利益的存在需要仔细评估，包括信息主体是否可以在收集个人信息的时间和范围内，合理预期可能发生为某一目的的处理。而根据序文第26条的阐释可推知，当出现无法识别的匿名情况而进行信息处理时，符合信息主体对于信息控制者合法处理个人信息的合理期待。"合理期待"这一标准是否能够提升信息主体的地位，仍需进一步研究。当然，一些学者对"合理期待"标准的批判本质上是陷入循环论证之中的。与此同时，民众对于自己信息、隐私的合理期待的实现也需要法律保护来支撑。"合理标准"成效的检验已经成为一个实践问题，因此需留待时间来考证。

3. 禁止处理敏感信息的原则

《通用数据保护条例》第9（1）款规定，禁止对敏感个人信息进行处理，包括可以揭示个人种族、政治倾向、宗教及哲学信仰、商业团体成员资格、能确定地识别出个体身份的基因、生物信息及关涉个人健康与性生活、性倾向的隐私信息等。

敏感个人信息之所以特殊，是因为敏感数据是作为一般法则被禁止与处理的，除非是特定的例外条件且能符合第 9（2）款的规定。这些例外情况包括：信息主体明示同意或者信息主体已公开上述信息；为了建立、实现或者保护合法的主张，对上述敏感信息必须进行处理；为了公共利益或者涉及公共利益的归档、科学、历史或者统计目的。但总体原则是，这些关于敏感数据处理特例的描述将会非常狭窄。

（四）引入问责制完善数据保护

问责制被视为一项提升数据保护，促进数据处理行为符合法规要求的工具。数据保护工作组建议引入问责制，并把其作为一项结合两个要素的数据保护原则来对待，两个要素分别为实际贯彻执行数据保护的措施、程序与展示遵守这些措施、程序的能力。在数据保护工作组眼中，问责制的原则可以在两个层面上实施：技术层面（如信息处理中隐私的默认设置规则、信息保护的影响性评定、数据泄露报告等）与组织层面（意欲确保数据处理行为遵守信息保护的要求，如教育工作人员、任命隐私保护官员、制定投诉处理机制等）。信息控制者有义务采用技术与组织上的措施，以一种透明的方式确保并呈现出信息处理是在遵守条例规定下进行的。所有这些都与现阶段技术发展水平，个人信息处理的本质、背景、范围、目的，信息主体享有的权利与自由，在信息处理中面临的风险相关。它不仅要考虑决定信息处理的方式，还要考虑信息处理的过程。而且信息控制者需要表明它们所采取的技术与组织措施是充分且有效的，也需要在其所采取的措施与程序中坚持尊重信息主体的自主选择权。

1. 数据保护官与文档化管理

对成立地位于欧盟的机构而言，数据保护官必须设立的情况应当符合以下法定条件：政府部门及公共机构作为信息控制者的；机构核心业务涉及以下大规模活动：日常的以及系统性的监控信息主体；处理特殊类别的个人信息，或者信息处理活动与刑事定罪相关。数据保护官联系方式须公布，并须报备到相应的监管机构。

信息控制者要对自己的数据处理活动进行完整的记录，使每一个行为都有依据。它包括信息控制者的联络方式、联合的信息控制者、信息处理的目的、信息的类型、信息接收者的类别,以及转移至第三国的信息接收者、信息保存的时间、采取的安全保障措施等,保留与数据处理者的合同附件。文档化管理既是企业内部一项管理措施,也是信息保护监管机构发挥职能的重要基础。

2. 信息保护的默认设置要求

《通用数据保护条例》第24条规定了源于默认数据保护原理的信息控制者义务。考虑到现有技术,执行成本以及信息处理的性质、范围、背景和目的以及处理所造成的自然人权利和自由可能面临的不同风险,信息控制者在确定信息处理的方式和信息处理的过程时,必须采用适当的技术、组织措施和程序规则,以保证在信息处理时符合法规要求,维护信息主体的权利。现有技术发展水平、国际最佳操作实践与信息处理过程中可能面对的风险都会可能成为判断信息控制者采取措施是否达到标准的评价考量因素。默认的数据保护状态与信息采集的最小化原则、目的限制原则一起,在第25(1)款中得到了阐释。而个人信息的默认保护状态到底包含了哪些必须具备的内容,事实上并不清晰。《通用数据保护条例》将义务指向信息控制者的同时,也要求信息处理者承担上述义务。

议会的修订文本第25(2)款为默认信息保护状态指定了一个宽泛的适用范围,并对信息处理提出最少必要的要求。数据信息的整个生命周期都应当处于默认保护的范围内,这包括了信息采集、处理、存储、访问到删除的各个阶段,系统地专注于准确性、保密性、完整性、物理安全性与个人信息删除方面,全面的程序保障,且仅处理每个具体处理目的所必需的个人信息。信息保护的默认设计与信息保护的影响性评价间存在一个明显的联系。如果已对信息保护的影响性评价进行了评估,则需要将评估的结果纳入到对信息保护设计中程序与措施的改进及发展上。当然,如果信息控制者不遵守条例规定的数据默认隐私保护的设计要求,那么它将面临的是高额的罚金。

3. 信息保护的影响性评定

《数据保护指令》规定了处理个人信息向监管机构通知的一般义务,这一通知义务带来了行政管理及经济上的负担,此项义务的履行并未总是有助于改善个人信息的保护。不分情形统一适用的一般通知义务,应由更为有效的程序和机制予以替代,这些程序与机制应着重于那些可能由于信息处理的性质、范围、背景、目的而对自然人的权利与自由带来高风险的大数据时代个人信息保护研究为进行的信息处理的操作。

随着人们对无线射频等高新技术的广泛讨论，诸如像隐私影响评定的概念，已广为人知。《通用数据保护条例》第35（1）款规定，结合信息处理的性质、范围、背景、目的考量，当信息处理的操作可能会给信息主体的权利与自由带来高风险时，特别在应用新技术的背景下，信息控制者或信息处理者需要进行信息保护的影响性评定。《通用数据保护条例》第35（3）款对应进行信息保护影响性评定的高风险行为进行了列举；通过自动化处理分析技术，当自然人个体得到了系统而广泛地评估和概括分析，并且其结果将对自然人造成巨大影响时；在对敏感数据进行大范围处理或者对涉及刑事定罪及犯罪相关的个人信息进行处理时；在大规模进行系统监控公共可访问区域时。信息保护影响性评定的开展是希望限制并减少那些可能发生的违反信息保护规定的行为。如果数据保护影响评估表明信息处理操作涉及高风险，信息控制者在现有技术和实施成本方面无法通过恰当措施降低风险，则信息控制者在信息处理之前应向监管机构进行事前协商。监管机构应在收到申请的特定期限内提出处理意见，并有权采取纠正措施。

我们应注意到，《通用数据保护》在序文第91条指出，当信息处理的目标定位于处理相当数量的地方性、国家性或超国家性的个人信息，并可能会影响到一个非常广泛的群体时，特别需要进行信息保护的影响性评定。事实上，这也是意将大量小型或中型的信息处理企业排除出该条的适用范围。

欧委会的草案第33（3）款规定了信息保护中影响性评定所要包含的基本内容：如说明信息处理操作，可能造成信息主体权利和自由风险的评定，关于为确保降低风险、保护个人信息与遵守符合条例规定的解释。《通用数据保护条例》第35（7）款，对评定内容进行了修订，增加了如下信息：对所设想的信息处理操作和处理目的的系统性描述，包括在适用情形下，控制者所追求的合法利益的描述；评估与目的相关的信息处理工作的必要性和相称性；为处理风险而设计的措施，包括保障措施，安全措施和相关机制，以确保对信息主体的保护，并彰显在考虑信息主体与其他相关人士权利和合法利益的情况下，信息的处理遵守了条例的要求。

需要注意的是，欧委会草案第33（5）款规定，当信息控制者是公权力机构且它进行的信息处理是在履行一项法定义务时，不需进行信息保护的影响性评定的这一条款，在《通用数据保护条例》中已被删除。

4. 信息泄露报告

《通用数据保护条例》第4（12）款把信息泄露界定为造成意外或违法数据破坏、损失、更改、非授权公开等行为。一旦认识到数据泄露的发生，信息控制者需及时告知监管机构，如可行则要求不超过在了解情况后72小时，除非这种泄露没有对个人权利与自由造成风险。如果72小时内未向监管机构报告的，应当向监管机构一并提供延误原因与信息泄露通知。对信息处理者来说，它应在认识到泄露的事故和危险之后，及时向信息控制者汇报。

《通用数据保护条例》第33（3）项规定了信息泄露报告至少应包括以下内容：对数据泄露说明、泄露涉及的信息主体总数、类型和信息记录的数量；公司信息保护官名称及联系方式、泄漏可能导致的后果、公司已实施的止损措施等。第33（5）项规定了信息控制者应文档化所有泄露的数据，以使监管机构可以对合规工作进行审查。

在个人信息泄露会给自然人的权利与自由带来高风险的情况下，信息控制者应当向信息主体告知个人信息的泄露情况，要及时不拖延。按照《通用数据保护条例》第34（3）款，信息控制者如实施了适当的技术上和组织上的保护措施，例如加密技术，使数据信息不容易为一般人理解或随后实施的举措不会使信息主体的权利和自由受到威胁，那么信息控制者可无须报告数据泄露内容，不过信息控制者应当承担上述情况的证明责任。当然信息控制者的风险判断也能够被信息监管机构否决并强制性地要求信息控制者进行公告。应该看到企业在问责制下的程序规则所需要的大数据时代个人信息保护的研究制度进行缜密的布局，比如信息管理流程、数据泄露的发现、报告预案等，企业要对《通用数据保护条例》进行严格遵守。

（五）欧盟现行法律的影响

欧盟在信息保护方面所做的变革显示了个体所拥有的信息权利和当前整体监

管机制所面临的危机。与《数据保护指令》相比，监管机构对信息处理的活动进行监管并确保信息处理遵守条例规定的权利得到加强。与此同时，《通用数据保护条例》强化信息主体的权利，推动监管机构间的合作并促进跨境信息执法的发展。虽然一些新的、众所周知的控制性权利，比如引进了信息的可移植性权利、被遗忘的权利，但现阶段，它们更多呈现出的价值取向带有倡导性、宣誓性的特点，所以信息主体能够有意义地援引此类权利的情形还是受到限制的。《通用数据保护条例》在提升与改善数据保护的实施与程序规则方面更加富有成效，比如问责制的原则与信息保护的影响性评定。然而，不确定的是，取得的收益效果是否会超过对信息保护进行规范的成本。

《通用数据保护条例》将信息保护改革中个人自治的理念重新引入信息保护的立法讨论中。条例中涉及的个人自治选择条款在如何进行解释及其可能产生的后果上，还有待观察。需留意的是，条例似乎正在尝试从传统的"同意与合理使用"的二分法（占据主动地位且又具有矛盾性的数据保护方法）中脱离出来，不再单纯依靠"同意与合理使用规则"，引入一种以风险为基础的信息保护方法来补充传统的"同意与合理使用"的二分法的不足，比如新引入的信息保护的影响性评定与默认数据保护的设计要求等。与此同时，通过划定信息所属类别，对个人信息进行不同程度的保护（如常规的个人信息与特殊类别的敏感信息在保护程度上就是存在差别的）。

总的来看，《通用数据保护条例》在如下方面表现较优：

首先，对信息主体的地位进行了加强。比如对信息主体明确同意规则的要求；对信息控制者在追求自身合法利益所进行的信息处理中，满足信息主体合理期待的要求。

第二，为信息控制者与信息处理者规定了更加明确的义务。信息主体的地位在问责制的实施下得到了提升。比如，分别安排信息控制者与信息处理者各自的义务与责任时，并且在分配与区分上不明确，那么信息控制者与信息处理者将对外承担连带责任；再比如对默认数据保护的设计要求与信息保护的影响性评定的规定；等等。

除此之外，我们还应注意到，当数据保护的规定得到强化时，毫无疑问会对电子商务产生影响。欧洲将在这些条款的影响下逐渐变成一个过度监管的区域，虽然足够安全但是会失去对 B2C 信息技术商业领域开发的吸引力，变得缺少国际竞争的优势。这种监管将推动欧洲区域内的企业对自身行为进行调整，使其能够更好地符合本地的法律规定和要求。但是从国际对比层面上看，这对企业的成长产生了不利影响，特别是相对于规制较少的亚洲而言。

二、美国个人信息立法保护动向

一直以来，美国政府都将互联网经济视为经济的增长引擎。鉴于互联网不断引发诸多亟待解决的问题，美国商务部于 2010 年 4 月成立了试图解决这些问题的互联网政策专责小组。同年 12 月，互联网政策小组发布《互联网经济中的商业数据隐私与创新：一个动态政策框架》。最后，美国白宫在广泛征求利益相关者的意见后，于 2012 年 2 月发布《网络世界中消费者数据隐私权：在全球数字化经济环境下保护隐私权与促进创新的新体系框架》。2015 年 2 月 27 日，为确立互联网用户隐私保护指导方针，鼓励有关方面积极参与具体实施细则的制定，推动国会法律的通过，美国白宫公布了修改后的《消费者隐私权法案》草案。

（一）美国隐私保护法概述

1. 美国隐私法的兴起与发展

沃伦与布兰代斯早在 1890 年就创作了《论隐私权》并在《哈佛法律评论》上发表。文章开篇提到，法律应为个人的财产与人身提供充分保护，这一保护的范围需要跟随政治、经济、社会的发展不时地重新予以调整与界定……社会的发展与文明的进步让人们认识到，生活中仅有小部分的痛苦、愉悦、收益来自物质世界，人们的精神世界、感情则需要得到法律的保护与承认。法律从对生命、有形财产的实际妨碍、暴力侵占提供保护到对无形财产、思想情感提供救济，在对新权利不断予以确认的过程中，普通法也在其永恒的青春中不断成长……直接促成沃伦与布兰代斯对隐私问题深入思考的起因源自初代便携式照相机的发明与商业手段的变化。在这篇论文中，他们宣称："最近的发明与商业应用将人们的目光吸引到个人隐私权的保护上来……'不受打扰'的权利应得到保障……很多技术发明威胁到了隐私权,'窃窃私语被公之于众'的预言可能成为现实。"沃伦与布兰代斯的这篇文章具有开创性,它的基本理念是将隐私视作人格权的一部分,是"独处的权利",是人类价值的缩影。到20世纪中期,针对美国当时的社会经济环境以及日益严重的侵犯隐私问题,有学者提议建立普遍性的隐私保护法,即建立涵盖从政府到个人的多层次、多方位的公民隐私权。可以说,这样的主张在当时极富预见性。

1939年以前,民事法庭并未将对隐私权的侵犯作为公民可以在法院提起诉讼的正当理由。直到1939年,美国《侵权法重述》(第一次)才承认隐私权作为一项独立的权利而存在,可起诉的诉因中包含了因没有正当理由严重侵犯个人隐私的行为。隐私权在不同的案例中所表现出来的类型是不一样的。到1960年,学者普雷瑟(WilliamL.Prosser)以四种主要类型对隐私侵权进行了区分:第一,行为使个人私人空间或私人事务受到侵犯,即他人安宁的隐私权受到侵扰;第二,公开他人私人事务的隐私侵权;第三,公开个人信息以便丑化他人形象的隐私侵权;第四,为私人利益而擅自使用他人的姓名或肖像的隐私侵权。普雷瑟对隐私权所包含的四种利益的概括总结影响甚广,此分类被采纳进《侵权法重述》(第二次)中。《侵权法重述》(第二次)第652条所呈现的四种隐私利益可简略概括为:"侵入侵权""盗用侵权""公开私生活侵权"和"扭曲他人形象侵权"。即便《侵权法重述》(第二次)对隐私侵权的类型进行了明确划分,但鉴于当今社会因商业目的而大范围采集、使用、散播个人信息的现象依然严重,上述四款规定似乎无法很好地解决隐私问题,因此遭受了诸多的批评。1965年,格鲁斯沃德诉康涅狄格州案(Griswoldv.Connecticut)标志着美国宪法隐私权的确立。随后,1976年沃伦诉罗伊(Warrenv.Roe)案,则成为宪法隐私权保护加强的标志性案件。该案成为美国历史上第一次承认宪法上隐私权包括信息隐私和自决隐私的案件。而在之后,美国国会也制定了诸多成文法律来调整信息取得、储存与传播的问题。

2. 公平信息实践法则

当今社会,伴随着科学技术的日新月异,信息技术也获得了长足的发展,它被更加普遍地应用到政府工作和私人生活中。基于此,全世界各地的政策制定者们开始重新审视信息技术对个人隐私的影响——无论是积极的还是消极的。1973年，美国卫生、教育与福利部（HEW）发布了一份题为《录音、计算机与公民权利》（Records、Computers and the Rights of Citizens）的报告，详细地分析和论证了关于"自动化个人信息系统可能导致的不良后果"等问题。对此，报告提出建立信息使用保障措施的建议，也就是后来著名的"公平信息实践法则"——该法则成为今天信息保护制度的奠基石。

在个人信息保护的基本措施方面，"公平信息实践法则"作了明确和清晰的规定。譬如，针对信息主体而言，关于自己的哪些信息被他人所收集、又被如何使用，信息主体应当有权知晓，并有权拒绝他人使用与其相关的信息，同时，也有权纠正不准确的信息。而针对信息收集主体，则规定如下：信息收集机构有义务保证信息采集的可靠性并保护信息的安全。1974年，美国出台《隐私法》，其中的主要内容和原则规定都源自"公平信息实践法则"。因此可以说明"公平信息实践法则"构成了《隐私法》的基础。

虽然欧盟国家与美国在隐私权保护方面的规定略有差异，但它们的基本框架都建立在"公平信息实践法则"之上，同时都将隐私权视为一项基本的人权。欧盟国家在保护措施方面采取的是自上而下的保护模式，也就是说可以对个人信息的使用进行全面限制，尤其对信息控制者使用信息需征得信息主体的同意提出明确要求。反观美国，通常是在特定领域进行立法，如在医疗保障、金融、教育、信用体系等特别领域，信息的收集与使用上的规制采用了对特定风险进行特定管控的方法。因此在美国，很少有能够适用于全领域的普适性规则。也正是基于此，产品与服务的创新及数据信息的跨领域使用才获得了发展的空间。对于国际公约与诸多部门法而言，"公平信息实践法则"已成为它们的共同思路和指导方针。2004年，亚太经合组织成员签署通过了《亚洲太平洋经济合作组织隐私权法则》，"公平信息实践法则"被正式编入其中。该文件构成美国—瑞士、美国—欧盟间安全港框架的基础。

3. 特定行业下隐私保护的特别立法

1968年的《全面犯罪控制和街道安全法》对使用电子监听设备收集信息的活动进行规范。

1970年,《公平信用报告法案》(Fair Credit Reporting Act)出台。该法案的宗旨在于推进隐私保护,具体措施方面试图促进信用报告机构更加公平和准确地收集信息。通常情况下,信用报告机构所收集的信息往往用于征信报告、雇员职业背景调查、租户筛查等方面,而这些报告和调查具有泄露私人信息以及对个人的生活、工作产生不利影响的可能性。鉴于此,该法案规定,在依据报告采取不利于当事人的措施时,信用报告机构等应尽到相应的告知义务,从而在一定程度上限制这些机构对此类信息的使用。该法案将访问、更正个人信息的权利赋予个人,并要求提供消费者报告的公司确保信息的准确与完整。虽然该法案在禁止信用报告机构滥用信息方面做出了详细和明确的规定,但其对信息披露范围的限制并不严格,因此,难以有效保障信息的隐秘性。譬如,信息披露可以在如下情况下进行,而且有较为正当和合理的理由相信,信息使用方使用信息是出于信息主体申请工作、保险或其他政府福利或为了正当的商业需要时。或许是考虑到《公平信用报告法案》如上的不足之处,1996年出台的《消费者信用报告法案》(The Consumer Credit Reporting Act of 1996)对其做出了重大修改和调整,变化主要呈现在下述五个方面:第一,扩大消费者报告范围之外的金融信息,这将便于同一机构的内部各分支机构间可以更多地共享商业交易信息;第二,建立了新的规定以限制信用报告机构究竟应当在什么条件下能够提供调查性报告或者信用报告;第三,建立了对旨在招揽顾客的信用报告进行事前审查的新规则;第四,为最大程度保障信息提供方提供给消费者报告机构的信息的准确性,为信息提供方设立了新义务;第五,加大了民刑事方面的惩罚力度。

1970年的《犯罪控制法》要求各州对刑事记录中的信息采取保护与规范措施。

1974年的《家庭教育权利和隐私权法案》则对学校向第三方披露学生信息做出严格限制。学生的成绩记录、家长的财务情况以及学生的保密推荐信皆在《家庭教育权利和隐私权法案》的保护范围之列。此法案规定,任何教育机构在未经年满18周岁以上的学生本人同意或学生家长的书面同意,非法披露学生教育记录的,联邦将不再给予其相应的资金资助。

1978年《财务隐私权法案》出台,该法案规定了联邦部门查询银行记录的方式,明确载明了政府获取信息的程序以及消费者享有知情与提出质疑的权利。

1986年《电子通讯隐私法》将截取电子通讯的行为界定为犯罪，并将因此造成的对隐私的侵犯纳入到民事救济的范畴。《电子通讯隐私法》的立法目的是希望在新的通信与信息技术带来的巨大变化下，明确隐私权保护的范畴与标准。在保护范围方面，该法案作了进一步扩展规定，将原先在1968年《全面犯罪控制和街道安全法》中的保护范围扩大到包括通过电子手段进行传播的通讯在内。受到保护的新技术包括电子邮件、计算机间的通讯、移动电话间的通信等。

1988年《视频隐私保护法案》规定了顾客购买或租借何种录像带的信息禁止录像带经营者对外披露。该部法律的制定出于对一起媒体事件的回应。媒体公布了波克（Robert Bork）法官在获得最高法院法官候选人提名期间所租借的电影录像带信息，在这一背景下，国会通过了这部立法，以限制获得消费者购买或租借录像带信息的行为。这使得任何视频录像磁带提供商，披露正常业务流程之外的租赁信息，最高可被责成2500美元的实际损害赔偿责任。

在电信领域，1996年出台的《电讯法》规定电讯经营者有保守客户财产信息秘密的义务。

4. 隐私法和信息自由法的关系

1974年的《隐私法案》是美国第一部对个人隐私进行规范的综合性联邦立法。它对政府行政部门如何在收集、处理个人信息的活动中保护个人隐私进行了规范，该法还允许信息主体查阅联邦政府部门记录中与本人相关的信息。

1966年美国国会通过了《信息自由法》(Freedom of Information Act)，该法案要求政府各部门向公众提供复制和查阅信息的便利。该法规定的获取信息的程序相对简单，适合的申请人向政府部门提出要求，只要要求合理正当，政府部门就应提供相关信息，除非相关信息属于信息自由法规定的例外情形。如人事和医疗信息，对这些信息进行披露显然会侵犯个人隐私；再如虽然为了执法需要收集相关信息，但收集的信息可能会导致如下情形时，政府部门不应向申请人提供：对执法程序产生不利影响、剥夺个人获得公正审判的机会、侵犯个人隐私、泄露秘密信息提供者的身份、泄露法律调查的技术或程序、对他人人身安全造成威胁。由于在《信息自由法》保障公众能获得信息的规定与隐私法对隐私的保护之间存在着固有的矛盾，因此《隐私法案》明确规定，依据《信息自由法》必须披露的信息，属于《隐私法案》保护的例外情形，在此情形下，信息自由法中要求的披露将不受隐私法的约束。

（二）消费者隐私权法案

2012年2月，美国白宫发布《网络世界中消费者数据隐私权：在全球数字化经济环境下保护隐私权与促进创新的新体系框架》，该报告的中心内容是《消费者隐私权法案》(Consumer Privacy Bill of Rights)。报告体现出美国在信息技术飞速发展的大数据时代应对隐私问题的做法，并介绍了《消费者隐私权法案》的立法理念和主要内容。前美国总统奥巴马称："美国消费者不能再等下去了，现在必须制定明确的法律条文，确保他们的个人信息在网络上的安全性。"同时他还提到："随着互联网的发展，消费者的信赖成为数字经济持续发展不可或缺的一个组成部分。这就是《消费者隐私权法案》如此重要的原因。"[①]

这份报告中的"隐私"蓝图涉及如下四个方面的关键性内容：第一，《消费者隐私权法案》构建在公平信息实践法则的基础之上；第二，推进并强化市场参与者在商业环境下遵循《消费者隐私权法案》的原则，并尽快形成执行细则；第三，促进隐私保护条款的有效执行并推动保护消费者隐私权立法基准的出台；第四，加强各国数据跨境传输的可操作性，促进与信息跨境流动相关的个人信息保护制度的建构。

报告中的《消费者隐私权法案》提出了7项保护消费者隐私的原则，即个人自主控制原则、透明度原则、情境一致原则、安全原则、可访问性与准确性原则、限制收集原则、问责制原则。主要涵盖以下三大方面的内容：

1. 对"告知与同意"框架的强化

加强"通知和同意"的框架，涉及个人自主控制原则、透明度原则与情境一致原则三项原则。

个人信息自我控制意味着个人有权利确定其信息会被怎样收集、怎样披露和怎样使用。法案指出，企业应当给予消费者选择权，让消费者拥有有效掌握个人

[①] 林靖东：《美国白宫提出权利法案保护消费者网络隐私》.[EB/OL].（2012-02-23）[2023-01-10].http://tech.qq.com/a/20120223/000483.htm.

信息的权利。在数据的处理、使用将对消费者产生显著影响的情况下，即使不存在与消费者有直接联系的第三人，也应当在消费者信息处理和使用活动中向消费者提供选择权。同时，负责收集资料的公司也应当承担有关义务。在数据将交由第三方处理的情况下，数据采集方应向其提供背景调查，包括其对消费者数据的利用，是否二次利用消费者数据，以及是否给予消费者对应的选择权。消费者应当有权撤销对企业的授权，并且该权利应当像数据信息使用许可授权那样方便、易行。

透明度原则要求消费者有权毫无阻碍地以简单明了、通俗易懂的方式取得关于隐私和安全保障方面的资料。透明度很明显是一项公司承担的义务。具体来讲，企业承担了以下说明义务，即公司收集的个人信息类型、原因、目的、用途等；公司会匿名化处理消费者信息的情形以及删除消费者信息的情形；公司是否将消费者信息向第三方披露或分享以及披露或分享的目的等。

企业对个人信息的利用要有特定的目的。情境一致是企业在使用、公开个人信息时，其目的要与收集消费者信息时对消费者所阐述的目的一致，从而满足消费者的合理预期。对信息的加工和使用，应当限制在达到信息收集时的目的范围。如果在最初处理和使用信息时超出了处理信息的特定目的，那么企业应当用消费者容易明白的方式加以解释并获得消费者同意。《消费者隐私权法案》也规定了，信息处理活动中与原计划信息利用情境不符且未满足消费者隐私合理期待的信息处理行为，需再次获得消费者同意。商家采用的通知形式要让消费者在得到商家服务时，能够在所用通用的设备中读取。

2.信息保存与处理中对安全的要求

信息保存、加工时的安全性要求包括了信息的安全、可访问性、准确性和限制收集等原则。

安全原则意味着企业应对消费者个人信息进行负责任的、安全的处置，并根据其个人信息的处理实践对安全隐患和隐私风险进行评估，并且还要采取合理的安全措施，以预防可能发生的诸如信息被非法获取、非法使用、破坏、篡改、不当披露、信息遗失等风险。

可访问性与准确性原则是指当数据信息存在错误、不准确，消费者有权查阅并更正可能对消费者的权益产生不利影响的错误的、不准确的个人信息。同时企业还应当采取合理措施,保证自己保留的消费者个人信息准确无误。

限制收集,即消费者对商家收集和保存个人信息的行为有权利进行合理限制。企业应当对用户数据信息进行合理限度的收集和保存,并在确定收集信息范围时,按照达到特定目的要求进行。无须个人信息时,应当通过安全方式对个人信息进行删除或者抹除个人信息中的身份信息。

3. 问责制

对客户信息采取符合法律要求的相应的安全防范措施加以保护,是采集、处理个人信息的企业的义务。为使员工能够在合乎规定的情况下使用个人信息,企业负担员工培训的义务,并定期对此进行评估。此外,为了确保信息在合理范围内被使用,当企业需要向第三方披露个人信息时,企业需确保第三方承担遵守法案原则的合同义务。法案从员工行为控制到内部数据使用监督再到向第三方披露信息等方面,列出具体详细的问责事由。法案的规定使得问责制变得更为具体明确。

在大数据环境下,美国政府认为消费者个人信息保护是当下最普遍存在且最需解决的问题。《消费者隐私权法案》借鉴了"公平信息实践法则"的规定。与要求企业遵循一系列专一、严格的条令不同,法案赋予企业自主决定如何实施这些条令的权利。为确保数据的收集与使用以符合消费者期望的方式进行,《消费者隐私权法案》提出了情境一致原则,并将这一原则与其他六大原则相互配合,为信息控制者与处理者的信息处理提出新的标准与要求。

《消费者隐私权法案》强化了"告知与同意"框架,关注消费者个人信息的保护,注重企业自律,强调事后问责,这成为美国政府解决大数据时代隐私保护问题的路径选择。鉴于互联网的全球性和复杂性,制定及时、可发展的创新支持政策将势在必行。为此,所有的利益相关者都应参与到制定相应行为准则的活动中来,以便为《消费者隐私权法案》运用于具体的商业环境提供明确的规范指引。有评论认为,通过广泛基准原则与具体行动守则的相互配合,《消费者隐私权法案》能在支持创新的同时更好地维护消费者利益。

（三）对特殊敏感信息的严格保护

当今时代，科技对教育的影响是全面和广泛的。无论针对什么阶段的学生，也无论是课上课下，科技都可以辅助他们较快地提升学习能力。通过互联网，学生可以随时随地获取他们想要的学习资料，而其他一切与学习和生活相关的知识也唾手可得。众多软件、应用和平台如雨后春笋般出现，为教师与学生提供了更多选择的可能。通过不断更新和完善，这些技术工具可以有效的完成教学实时评估，并针对性地依照学生的理解和接受速度对教学资料进行演示，以便满足教师的教学需要和学生的学习需求。此外，教育技术的革新还可以实现受教育人数的最大化，这一点是传统的教学模式无能为力的，同时，还可以增进学生之间的交流，让教学内容持续性反馈得以实现。

在将更加个性化的教育方式让学习者享受到之外，信息社会的发展也增强了研究者们的研究能力。譬如，借助新的数据类型的运用，研究者们可以更加准确和有效地研究学生的学习行为。与传统的课堂授课相比，大规模开放的在线课堂的数据信息能够被更加准确的定位与跟踪。通过对这些数据的分析，以往受制于传统教育方式而无法解开的问题将得到广泛关注和研究。这包括：学生在学习活动中的领悟力、学习接收效果；根据不同的学习目标，选择恰当的学习资料，并进一步利用这些数据信息帮助那些处于相似情况的学生。当前，美国教育部正在研究如何运用信息科技手段，统一整合在线教学平台所采集与分析的数据。而且这些数据信息将会为大数据教育的进一步研究提供方法论上的指导。

大数据下的教育存在一些亟待解决的问题，比如，如何确保学生的隐私不受侵犯。还有，网上存在大量在线的学习软件、应用与平台，它们基本由营利性企业研发和提供。而在美国，负责教育的主要是各州和当地的社区。因此，在关于哪个主体有权获得线上平台产生的数据信息以及这些信息应当如何被使用的问题上争议颇多。对此，《家庭教育权和隐私法案》《保护学生权利修正案》和《儿童在线隐私保护法》中的相关条文，在适用过程中会遇到相应的挑战。

1.《家庭教育权利和隐私法案》

美国上个世纪六七十年代，民权运动蓬勃发展。此时，大学侵犯学生权利的事件时有发生,大学无须告知学生也无须学生同意就可随意且有选择地披露学生信息。系主任只需暗示某位学生是某一学生民主团体里的成员,该名学生的前途就可能受到影响。同时,大学也可因为学生行使言论、集会、抗议等宪法权利而开除学生。为了限制学校的权力,保护学生们的隐私,美国国会在1974年颁布了 Family Educational Rights and Privacy Act of 1974,简称(FERPA)。该法案禁止接受联邦经济资助的教育机构,所有州或者地方的公立和私立学校将学生的教育信息记录向未获得授权的第三方披露,即保护学生教育记录信息的机密性。而教育记录信息是指由教育机构、教育组织或由代表这些机构与组织的个人(如教师、行政人员与其他学校雇员)所保存的任何直接与学生相关的记录、文件、文档或其他材料。FERPA 提供给父母以确定性保护、查阅未成年人教育记录的权利。主要包括以下四个方面:检查与复核教育记录的权利;质疑教育记录中的内容并更正或删除其中不准确、误导或不恰当信息的权利;家长通过同意的方式去控制并决定是否披露那些能识别出其小孩的教育记录信息的权利;对于不遵守 FERPA 规定的行为,有权向教育主管机构投诉。而当未成年人年满18周岁或从其接受高等教育开始,上述权利就转移给学生,由学生自己行使。在 FERPA 的规制下,教育机构的义务有哪些呢?

(1)取得父母的同意

首先,在披露具有个人身份可识别信息的学生教育记录数据前需要取得父母的同意。当然,FERPA 也规定了一些例外情形。个人身份可识别信息包括:学生的姓名或学生家庭成员的姓名;学生的地址或学生家庭成员的地址;个人识别标记(如社会安全号码、生物识别记录如指纹、面部特征或笔迹);间接个人识别标记(如出生日期、出生地点、母亲在婚前使用的姓氏);其他一些信息,要么单独要么结合在一起,将使得一个理性人能合理确定并识别出该学生;以及教育机构认为请求获取教育记录信息的个人,应该清楚教育信息归属主体个人身份的情形。

同意的授权必须以书面形式进行且需要父母签名落款署上日期。同时,以下几个方面也需要专门阐明:对外披露的教育记录信息的内容;披露的目的;接受披露的相对方。另外,同意的授权可以通过电子签名方式来完成,只要电子签名的同意机制能识别并验证出同意的具体来源。而对同意的记录,则呈现的是个人对同意授权的认可。

(2)告知学生父母及有资质受领通知的学生本人其所享有的权利

教育机构每年必须通知学生父母或有资质的受领通知的学生本人如下权利:检查与复核教育记录的权利;修正教育记录的权利;同意公开个人身份可识别信息的权利;对于教育机构违反法律规定的行为,有权向教育主管部门投诉的权利。

(3)无须经过信息主体同意,教育机构可予以披露的信息

这类信息包括:学生的目录信息;去除身份识别的信息;有限情形下,可识别出学生个人身份的信息。在不经同意的情况下,学校可以将学生目录信息的披露告知学生家长及有资质受领通知的学生并为他们设计一个合理的退出披露机制。学生的目录信息一般包括:姓名、地址、电话清单、电子邮件地址、照片、出生日期与出生地、专业、年级;学籍信息;学历、荣誉与奖励、参与的体育运动及其他活动。学生的目录信息并不包含社会保险号或学生的学号。

学校可能会在事先未获得父母同意的情况下,将已去除身份标识的学生教育信息记录予以披露。而身份信息去标识化则要求:在学生的教育记录中将所有能识别出个人身份的信息予以移除,进行合理判断的依据是去标识化的教育记录将无法再对学生的个人身份进行辨识。

学校为了教育研究的目的可以对去身份化的教育记录进行披露。此外,即使学校事先未获家长同意,学校也可以在以下各种情境下披露个人身份可识别信息。比如,学校官员为追求学校"合法的教育利益"时;学生转学,接收学校需要了解学生的相关信息时;学校需要确定一个学生的助学金额时;指定人员对教学进行评估时;组织开展某些代表学校利益的研究项目时;遵守法庭命令或依法发出的传票,该命令或传票要求披露学生的个人身份信息时;有关官员在紧急情况下,为了保护学生及他人的健康与安全时;等等。

2.《儿童网上隐私保护法案》

美国高度重视儿童网络隐私的保护。从行业组织、教育、行政管理与立法规制等多个层面都采取了儿童网络隐私保护措施。立法层面,国会于1998年颁布了《儿童网上隐私保护法案》(简称COPPA)。该法案于2000年4月21日生效,

联邦贸易委员会具体实施该法案。在2000年出台儿童网上隐私保护法之前,已有一些研究成果指出儿童使用网络面临的危险,如信息隐私的丧失、遭遇到潜在可能的性侵犯者、广告商的宣传及接触到仅适合成人的材料。支持通过儿童网上隐私保护法的人士相信,这部联邦立法可以减少新经济带给儿童电脑使用者的部分危害,即儿童将私人信息不恰当地披露给电子商家。儿童可能会在网上游戏、奖品、换取相应网络服务方面向商家透露私人信息,而儿童网上隐私保护法的立法目的就是要解决有小孩的家庭所面临的信息隐私威胁的问题,使商业网站难以在家长不知情、不同意的情况下直接从儿童处采集私人信息。

2011年,美国联邦贸易委员会向全国征询修订意见。此次法案修订的目标是保护网络创新,促进与保障互联网能够提供越来越多的网上内容与服务供儿童使用的同时,确保父母能全方位参与到儿童网上活动过程中,并对所有采集儿童信息的行为有所知晓。经过充分讨论,2013年7月,修订后的《儿童网上隐私保护法案》正式施行。法案要求在父母不知晓且未同意的情况下,不允许第三方在专门针对儿童的APP和网址上通过加入插件的方式来获取儿童信息。

(1) COPPA适用的对象与适用范围

《儿童网上隐私保护法案》与儿童网上隐私保护规则都被称为COPPA6,它们对专门收集儿童信息或明知是13周岁以下的儿童信息还有意收集的网上服务提供商提出隐私保护的标准并为其规定隐私保护的义务。COPPA适用于网站的经营者与网上服务的运营商,它们可以是个人也可以是机构或组织,比如运营商业网站,专门针对13周岁以下的未成年人为其提供网上服务并采集其个人信息的运营商,或是在运营大众网站且在事实上知晓采集了13岁以下未成年人信息的网站经营者。当然,除了网站经营者的意图外,还要考虑该网站的语言、画面和整体设计,以便对其是否是针对13周岁以下儿童做出准确判断。

需要注意的是,COPPA界定的经营者并未将非营利性的机构或组织纳入其中,非营利性的实体,如政府机构并不受COPPA的约束。还需注意的是,网站经营者与网上服务运营商采集的13周岁以下未成年人的任何个人信息都会受到COPPA的规制。这些个人信息包括:名字与姓氏;家庭地址;邮箱地址;电话号码;社会保险号;含有儿童声音与形象的照片、视频、音频文件;地理位置信息;

用来识别用户的控制性标识符及允许对特定个人进行物理或网上联系的信息；等等。虽然COPPA只被用来保护13周岁以下的儿童，但美国的联邦贸易委员会鼓励网站运营商与在线服务经营者将COPPA的保护范围扩展至13周岁以上的青少年。

网站运营商与在线服务经营者从父母披露其孩子个人信息的行为中采集到儿童个人信息的情形，并不受COPPA的约束。作为最佳的实践，网站运营商与在线服务经营者从父母处采集到的儿童个人信息，也应以直接从儿童处采集个人信息提供相同保障的方式，为其提供个人信息保护。

COPPA不仅适用于对信息的主动收集还适用于被动收集信息的情形。主动收集发生在网站运营商与在线服务经营者直接从儿童处采集信息的情形，如通过网上聊天室、留言板主动采集儿童个人信息。而被动收集信息则与跟踪或使用"任何能够指向个人的识别代码相关联，比如Cookie的使用"及其他一些可以用作身份识别、联系或定位的识别等相关的信息采集方式采集到的信息。

（2）网站的运营者与在线服务经营者在COPPA的规制下承担的义务

第一，告知父母。运营者必须做出"合理的努力"确保父母收到网站或在线服务提供商发出的采集、使用、披露其孩子个人信息的通知。通知的内容应包括COPPA要求网站运营商与在线服务经营者在其隐私政策中披露的内容。此外，还需阐明：运营商或在线服务经营者希望采集的特定小孩的信息；希望采集信息的类型；信息采集的目的；父母授予同意和撤回同意的方式。

第二，获得父母的同意。网站运营商与在线服务经营者在收集、使用、披露任何一个小孩的个人信息前，必须取得能进行事后验证的父母授权同意。另外，当对信息的收集、使用或披露发生重大变化时，网站运营商与在线服务经营者即使在事前已经取得父母的授权同意，也还需要就取得同意后发生重大变化的情况向父母再次披露，并重新取得父母的同意。比如，当网站运营商与在线服务经营者取得了父母的同意，为特定目的向第三方分享孩子的个人信息时，如果该目的发生变化，则网站运营商与在线服务经营者需要为该新的信息使用与分享的目的，重新取得儿童父母的同意。网站运营者与在线服务经营者如何取得能进行事后验证的父母的同意呢？这需要考虑到现有技术的可行性，以确保授权许可源自父母。

比如，当个人信息仅用作内部使用，不向第三方披露也不对外公开时，联邦贸易委员会建议网站运营者与在线服务经营者通过电子邮件的方式取得父母的同意，随后通过回复邮件、传真或电话的方式对授权许可进行确认。如果个人信息通过（如聊天室或留言簿等方式）披露给大众或第三方时，联邦贸易委员会建议通过以下更为严格的方式取得父母的同意，包括提供家长签字的知情同意书并将已签字的知情同意书通过电子邮件、传真或其他电子方式发回；开通父母能打入且能收回其同意授权的由接方付费且由经过培训的专业人士负责接听的电话；使用带有电子签名的邮件；使用带有个人身份可识别信息的电子邮件或使用政府签发的身份证明，如驾驶执照等方式。

第三，无须获得父母同意的例外情形。当网站运营商与在线服务经营者收集如下信息时，无须事前取得父母的同意而采集小孩的姓名与在线联系方式的信息仅仅是为了通知并获得家长同意的目的；为了给孩子定期性的通讯，包括在线讯息、网站更新或密码提醒等目的；为了合理且必要地保护小孩安全地使用网站的目的；为了保护网站的完整性，采取责任防范的方式，响应司法程序或在事关公共安全时响应相关安全机构的请求等情形。

网站运营商与在线服务经营者还可以在以下未获得父母同意的情形下向公司的分支机构披露其采集到的儿童信息：如仅仅是给网站或在线服务提供内部支持时；公司要求获取儿童信息的内部分支机构对获取的信息保密并限制其将获取的信息用于其他目的时；分支机构没有参与到公司对少年儿童信息的收集、保存或使用过程中时。

第四，将信息披露给第三方的管理。网站运营商与在线服务经营者应采取合理步骤，以确保维持信息保密性、安全性与完整性的第三方披露信息。

3. 家长对家庭私人信息的守护

《儿童网上隐私保护法案》明确了监护人的责任，将监护人的责任权利化。由于儿童的辨识能力弱于成年人，心智发育也不健全，因此，网络隐私的自我保护任务无法通过儿童自身来承担。另外，对儿童隐私权的救济也有特殊性。由于儿童属于限制民事行为能力人，当其隐私权受到侵害时，也需要成年人的协助。《儿童在线隐私保护法案》规定，当网站运营商收集13周岁以下儿童的个人信息时，必须对儿童父母的身份信息进行验证，通过如电子签名等技术手段，征得其父母的同意。父母有查阅、删除儿童信息的权利，有权要求网站运营商、服务提供者停止对儿童个人信息的搜集，可以随时拒绝经营者进一步使用或保有来自该儿童的私人信息。而且该项权利不是简单的"选择退出"的普通权利，也不是限制信息二次使用的权利而是家长被赋予的强大权利其中包括是否能够否决第一次收集、第一次使用、二次使用、保存数据的权利。家长的否决权是实现该法的立法目的，是有效的家长控制所需要的。儿童网上隐私保护法赋予家长作为儿童和家庭私人信息守护者的权利。该法案将监护人的责任与权利以法律的形式准确地固定下来，为儿童在线隐私的保护提供了法律保障。

4. 对网站运营商的隐私保护要求

网站运营商与在线服务经营者必须要保有一种清晰、简单易懂、完整且不包含不相关信息的隐私政策。隐私政策的内容应当包括：收集或持有孩子个人信息的网站运营商与在线服务经营者的名称；收集个人信息的类别，主动收集还是被动收集；收集信息的用途或潜在的用途；向第三方进行的信息披露与第三方对信息的使用；父母有权对孩子个人信息的收集和使用授予同意，有权禁止网站运营商与在线服务经营者向第三方披露孩子的个人信息；网站运营商与在线服务经营者不能要求孩子提供不必要的信息作为参与一项网上活动（游戏、奖励、服务）的条件。父母能查看自己孩子的个人信息，请求删除，并拒绝同意信息的进一步收集。

另外，网站运营商与在线服务经营者需要在其网站上提供有效的关于其隐私政策的通知提示时。接入隐私政策的链接也必须明确标示并放置在主页上鲜明而突出的位置。联邦贸易委员会建议使用更大的字体、不同的颜色或对比的背景来对其进行强调。

年轻人是可塑的，他们需要适当的自由来探索这个世界，尝试各种可能，同时又需要一种保护机制使其不致因一时的疏忽，一时误入歧途，影响以后的学习、工作和生活。尽管《儿童网上隐私保护法案》规定，移动应用开发者和网站运营商采集13岁以下儿童个人信息，须经家长或监护人同意，但现在，即使在美国，如何通过相应的制度安排，确保儿童能健康成长，避免技术潜在地对儿童可能造成的"伤害",不使技术成为未成年人人生发展道路上的阻碍,都未能得出一个确定的方案。

5.《学生数字化隐私法案》与《在线教育服务指南》

青少年在社交平台和移动应用的使用上非常活跃,在利用信息科技产品过程中,网络会采集、存储和处理他们相关的准确数据乃至某些敏感信息。这些数据信息有的包含显著改善儿童学习效果和打开儿童全新潜力的机会,但与此同时还可能在这些儿童成年之后,构成一个入侵性消费者个人信息,或者以其他形式影响其成年后的生活。

青少年通过数字教育平台进行交互式学习所生成的个人信息,是一种极为隐私的信息。这类信息包含着个人对学习方式的具体喜好以及自己对学习的理解力和领悟力,相比较其他同学的成绩而言,搜集和存储这类信息甚至可以区分存在学习障碍或不能长期专注的同学。根据学生利用教育应用的上线和在线时间,可以了解其个人作息的习惯和学习习惯。那么教育机构应怎样利用这些资料,以使学生学习机会和学习表现得到提高?同时,对那些利用这些平台进行学习的、处在基础教育阶段的学生来说,其数据信息安全该怎样保证?

美国国会参众两院的两党议员共同推动《学生数字化隐私法案》的立法,禁止通过教育类App应用采集学生个人信息。此次立法的主要目的是防止在校学生使用在线教育网站或软件应用时造成个人信息的泄露,从而给予数据收集和使用更大的透明度,实施全面统一的安全标准,对数据保留进行限制,不允许销售学生的个人信息。

同时,为了应对对有关信息所有权和恰当利用信息的质疑,美国教育部于2014年2月份发布了在线教育服务专用指南。指南称,学校或者学区只能在符合《保护学生权利修正案》和《家庭教育权和隐私权法案》所载要求的具体情况下,才能与第三方机构订立有关学生数据方面的协议。学校和学区是为了将来合法的教育效益而共享的学生信息。在共享过程中,必须由学校和学区不断维持对信息的"直接控制"。即便存在新需求,在大数据语境中怎样保护学生隐私仍是具有挑战性和广受关注的持续性课题。

第三节 我国个人信息安全与保护的立法实践

我国一直高度关注个人信息保护的立法工作。源起2001年8月，国家成立国家信息化领导小组，下设国务院信息化工作办公室，负责个人信息保护法立法研究工作。2012年11月，党的十八大首次提出"健全信息安全保障体系的战略目标"，绘制个人信息保护未来发展的宏伟蓝图。2014年2月，中央网络安全和信息化委员会成立。2020年8月，个人信息保护领域基础性立法的目标纳入国家"十四五"规划纲要。在历经创立小组确立目标、改组机构、纳入规划等一系列重要决定后，个人信息保护立法研究工作终于突围破局并开花结果，2021年8月20日，第十三届全国人大常委会第三十次会议表决通过《中华人民共和国个人信息保护法》（以下简称《个保法》），并于2021年11月1日起施行。这是我国第一部专门、系统的个人信息保护方面的法律，开启了我国个人信息保护新征程，具有里程碑意义。

几乎与此同时，法学、图书情报学界持续关注国家战略布局，一直围绕个人信息保护及其立法等方面展开研究并先后取得丰硕成果。譬如，周健论述"确保国家和公共利益的前提下依法保护公民个人信息的必要性;"[1]齐爱民分析个人信息的人格利益属性，提出"个人信息控制权"[2]的概念；王岩和叶明提出，"为促进个人信息的流动更为安全便捷，要针对个人信息以及重要数据重点监管，推动实现个人信息跨境流动的合法事由多元化，对企业数据保护能力进行认证;"[3]王利明提出，"由于个人信息具有集合性、可利用性、自动处理性等性质，因此有必要在立法上制定专门的《个人信息保护法》，对个人信息予以全面保护;"[4]张新宝提出，"为构建与数字时代相适应的个人信息保护路径，可强化网络平台等大

---

[1] 周健. 美国《隐私权法》与公民个人信息保护[J]. 情报科学, 2001 (6): 608-611.
[2] 齐爱民. 论个人信息的法律保护[J]. 苏州大学学报, 2005 (2): 30-35.
[3] 王岩, 叶明. 人工智能时代个人数据共享与隐私保护之间的冲突与平衡[J]. 理论导刊, 2019 (1): 99-106.
[4] 王利明. 和而不同：隐私权与个人信息的规则界分和适用[J]. 法学评论, 2021, 39 (2): 15-24.

型在线企业的治理，赋予其"守门人"的义务，帮助行政机关发现或阻止违法行为。"①

数据和信息安全是国家安全的重要组成部分，且与每个人的切身利益息息相关。因此，站在两个"一百年"奋斗目标的历史交汇点上，从学理角度认真学习、深刻领会《个保法》的法旨，对于我们慎思明辨、求实笃行、总结经验具有很重要的现实指导意义。

一、立法价值方面

习近平总书记指出，"国家网络安全工作要坚持网络安全为人民、网络安全靠人民，保障个人信息安全，维护公民在网络空间的合法权益"。② 个人信息保护不仅是网络安全工作的关键任务，更是满足人民现实需求的重要一环，然而，当下个人信息违法活动仍然猖獗。可见，个人信息泄露已然成为一个全社会都不可忽视的问题，是众多网民的心头之患，因而利用国家强制力为个人信息保护立法，解决个人信息安全问题，则成为广大人民最关心、最迫切、最现实的个人信息保护需求。

（一）直面个人信息保护问题

一是在立法目的上回应问题。个人信息保护是必须回应的现实问题，个人信息法治化迫在眉睫。而《个保法》第一条便旗帜鲜明地指出，其立法"为保护个人信息权益，规范个人信息处理活动，促进个人信息合理利用，根据宪法，制定本法"。③ 首先，该条将"保护个人信息权益"置于首位，即明确《个保法》立法首要目的是以民为本，保护人民信息权益、化解个人信息保护困境；其次，《个保法》采用的是"规范个人信息处理活动"这种广义概念，这意味着《个保法》

---

① 张新宝.互联网生态"守门人"个人信息保护特别义务设置研究[J].比较法研究,2021（3）：11-24.
② 东北网.求是网评论员：网络安全为人民 网络安全靠人民[R/OL].（2019-9-23）[2022-1-15].https://lilun.dbw.cn/system/2019/09/23/058265165.shtml.
③ 第十三届全国人民代表大会常务委员会第三十次会议.《中华人民共和国个人信息保护法》[EB/OL].（2021-08-20）[2022-1-15].http://news.cyol.com/gb/articles/2021-08/20/content_0Pw4vSvQg.html.

将统筹规范所有个人信息处理活动，同时为各领域个人信息保护专门立法立规工作提供重要借鉴；再次，"促进个人信息合理利用"可以显示出《个保法》有意协调个人信息保护与合理利用的冲突，既站稳实现人民权益保障这一落脚点，又助力个人信息合理利用，匹配人民群众对美好生活需求与数字经济建设发展的需要；最后，《个保法》将宪法法旨作为基本遵循，做到"依宪立法"，体现宪法精神与价值，集中体现党和人民意志。

二是在立法内容中解决问题。在《个保法》的立法内容中，其主要从"立法有效"与"执法有据"来解决个人信息保护问题。首先，《个保法》翔实阐述个人信息权利、个人信息安全事件处理方案、个人信息保护履职部门工作内容等，注重个人信息保护的"效"，即确保立法实效、保护成效与工作质效，以有效帮助个人自主行使权力、有效保护个人信息权益有效救济个人信息权益损害有效发挥监管部门职能等；其次，《个保法》包括个人信息处理规则、信息处理者义务、法律责任等，着眼于个人信息保护的"据"，即划定个人信息处理活动合法界限、明确信息处理者对个人信息的保护责任、建立违法活动惩罚机制，以规制个人信息处理者对个人信息采取的处理行为，亦为监管部门履行监管职责、惩处违法活动提供依据。

（二）个人信息保护赋予相关权利

立法要切实保障人民权利。长期以来，个人信息是否应当赋权饱受争议。否定论的学者认为，个人信息本身只是一种可以用来识别某个人的事实或记录，并不当然地应该由个人拥有或控制；肯定论的学者则认为，不赋权将阻碍个人信息的保护与利用；并且，《民法典》也仅采取"个人信息权益"的措辞，并未明确个人信息权利的问题。《个保法》则正面回应了这一问题，在第四章详细阐释个人在个人信息处理活动中的各项权利，明确为个人信息赋权，唤醒人民法治意识，引导人民运用法治方式捍卫自身信息权益，也为人民参与信息处理活动提供法律保障。

一是打造个人信息基本权利体系。首先，为落实个人有权知悉个人信息处理情况决定个人信息处理方式，《个保法》在第四章明确全面地阐述个人在个人信息处理活动中的知情权、决定权限制或拒绝权查阅权等；其次，为进一步加强个人控制其信息传播复制与储存的权利，《个保法》第十五条明确了个人拥有撤回同意权，第四十七条要求个人信息处理者应当在个人撤回同意时删除个人信息，从而延续并进一步强化《信息安全技术个人信息安全规范》（GB/T35273-2020）中有关删除个人信息的规定，并赋予其法律强制性。

二是加强个人信息主体权利掌控。《个保法》为破解企业掌握"数据霸权"的困境在第四十五条第三款为个人新增"信息可携权"。这意味着，个人信息被转移时，个人有权要求个人信息处理者提供符合国家网信部门规定条件的个人信息转移途径。关于"信息可携权"的新规，对个人意味着，未经个人授权平台企业不再能随意传输、转移个人信息于其它平台，而且个人有权要求处理者直接转移其个人信息供其他平台使用；对企业则意味着，个人信息流通不再自由，处理者的信息资源优势与用户信息掌控度受到削弱，用户黏度下降，这不仅会迫使部分"垄断用户信息"的企业优化服务来提高竞争力，还能为新进入市场的企业提供一个相对公平的竞争环境，促进个人信息合理使用。

（三）积极协调多方信息利益关系

《法治社会建设实施纲要（2020—2025年）》提出，要让公民、法人和其他组织合法权益得到切实保障，这表明《个保法》不仅要维护信息主体的人格利益，亦要权衡公共利益与个人信息处理者的信息合理使用利益，引导个人信息合理流动、保障相关事项有序运行。对于一切个人信息处理活动，《个保法》以"目的合理"为前提，以"利益协调"为规制思路，保护个人信息利益，协调个人与个人信息处理者、个人与公共的利益关系，坚持个人利益影响最小公共利益优先、个人与商业利益二元平衡等原则，使得个人与公共个人与商业利益之间能够互相协调，和谐共生。

一是坚持影响最小原则。为增强人民群众法治建设参与感、社会生活幸福感、个人信息安全感，《个保法》不仅规定，有关涉及个人利益的信息处理活动，信息处理者应选择对个人权益影响最小的方式进行，且以"知情同意"为核心、围绕"公开透明"建立个人信息处理原则。具体而言，首先，《个保法》第十七条提出，在开展信息处理活动前，信息处理者必须以显著方式、清晰易懂的语言，真实、准确与完整告知个人相关处理事项，并保证个人在充分知情的前提下，自愿、明确地同意活动开展，从而拓宽人民参与个人信息处理活动治理、监督、检查的渠道，显著提升人民对个人信息的控制力；其次，除个人同意外，处理者不得公开其处理的个人信息，但要公开个人信息处理规则，包括信息处理目的、方式、范围和信息储存期限等细则，从而为人民运用查阅权、决定权提供法治保障。

二是坚持公益优先原则。立法的重要功能之一是平衡个人与公共利益之间的关系。《个保法》第十三条在制定处理公益性事由活动规范时，以科学、公正、正当的措辞表达"公共利益优先"的立场，明确给予公益性事由个人信息处理活动"豁免权"，助力公共活动运行，虽然此类活动不需要获得个人同意方可进行，但活动必须在合理的范围内。例如，在入职事由方面，为企业处理员工信息提供法律依据，《个保法》第十三条第二款强调，企业在处理依法制定劳动规章制度、依法签订集体合同实施人力资源管理依法履行合同等所必需的个人信息时无需员工同意，以有效促进员工个人信息真实性与完整性；又如，在执法事由方面，为有利于公权机关履行职能，《个保法》第十三条第三款将有关履行法定职责或者义务的个人信息处理事由也归为特殊事由，展开此类事由活动不需取得个人同意，这有助于《个保法》将其法旨贯穿于执法、司法与守法环节，为人民群众发挥个人信息保护法治建设中的主体地位起到长远保障作用；再如，在公共事由方面，《个保法》第十三条第四、五款提出，有关突发公共卫生事件、保护自然人的生命健康和财产安全所必需的紧急情况、为公共利益展开的新闻报道和舆论监督等事由无需个人同意，可见，《个保法》承担维护人民群众生命安全与健康的责任，并将其视为更高位的利益。

三是坚持二元平衡原则。依托日新月异的算法技术，自动化决策广泛应用到商业领域中，按照用户的兴趣、习惯与浏览记录等为用户推送咨询或广告。然而，时有商家恶意使用自动化决策进行"大数据杀熟"与"信息骚扰"，使得诸多用户产生抵触心理，甚至拒绝使用此类业务。对此，《个保法》第二十四条严格限制自动化决策的利用目的，要求其不得在交易价格上施行不合理的差别待遇，且信息推送、商业营销要为个人提供不针对个人特征的选项，或者向个人提供便捷的拒绝方式，给予个人拒绝与知情同意的权力。诚然，恶意的自动化决策的确造成信息滥用、过度收集的困境，但不可否认的是，开发自动化决策的初衷是客观评估数据、节省用户时间成本、刺激数字经济增长，仍有可取之处。因此，《个保法》虽然严格限制自动化决策的利用目的，却并未简单粗暴地完全禁止自动化决策，而是统筹企业发展与人民信息安全的需求，采取较为中立、客观的方式，对其提出决策透明、结果公平公正的要求，禁止对个人在交易价格等交易条件上实行不合理的差别待遇，能够平衡数字经济的背景下个人信息业务的未来发展与个人利益等多元因素。

二、法理向度方面

立法应总结凝练历史经验，并适应社会发展与技术变革而不断调整完善，解决现实问题，应对时代需求。在当下，各类信息技术推动产业转型，为个人信息开拓更广阔的应用空间，个人信息随之类型逐渐多样，其应用技术处理目的与处理主体逐渐多元。这意味着，个人信息保护立法工作应契合当下，密切关注信息技术、个人信息处理者类型及个人信息处理目的等因素对个人信息本身及其处理活动的影响，多角度、深层次思考，做到科学客观符合实际、公平公正，从而保证立法质量并随之提高个人信息保护精准性、提升个人信息监管有效性。而《个保法》顺应经济社会发展的客观规律、新时代与信息产业的发展需求，聚焦个人信息类型与主体差异确立个人信息处理规则，健全个人信息监管系统，实现精准保护个人信息、切实维护法治秩序，亦为信息产业、技术与处理组织安全稳定长远发展提供强有力的法律支持。

（一）提升法律效用

个人信息类型与主体特征差异决定个人信息处理活动对主体权益与私人生活的影响能力。归根结底，确立《个保法》仍是为"保护个人信息权益"服务，但个人信息类型随着时代不断衍生分化，单一的保护模式并不能实现这一目标，而《个保法》分类个人信息，依据个人信息类型与主体特征差异采取针对性保护措施。首先，《个保法》将易影响信息主体人格尊严、人身财产安全的个人信息界定为敏感个人信息，将涉及敏感个人信息处理行为规范的内容独立为章节（即第二章第二节），专设敏感个人信息的处理条件与资格，相比之下，此类规制方式比一般个人信息处理更严厉、更强硬、更集约；其次，《个保法》细化个人信息主体类型，特别针对未成年人与死者的个人信息特点制定处理规则，并阐明未成年人监护人与死者近亲合法权利。这都充分促进监管资源分配精准监管成本效益提升，极大程度地推动《个保法》适应追随时代发展变化、持续提升立法效能。

一是适配信息类型差异。在敏感个人信息规制方面，《个保法》主要依据信息处理活动的活动流程强化保护措施。首先，限定处理敏感个人信息资格，即处理者必须在满足信息处理目的具体特定充分必要，信息保护措施严格的前提下才能开展处理活动；其次，加强事前告知义务，即开展敏感个人信息活动前，处理者必须告知处理敏感个人信息的必要性以及对个人权益的影响；最后，提高处理敏感个人信息门槛，即处理敏感个人信息前，必须取得个人的单独同意。值得注意的是，在敏感个人信息定义方面，《个保法》第二十八条特别指出生物识别宗教信仰特定身份、医疗健康金融账户行踪轨迹等信息均为个人敏感信息。以个人图像信息为例，我国已实现识别人脸的信息采集技术，常见的应用领域有识别人脸支付、电子身份证明等。但是，作为一种特殊的个人信息，个人图像信息被侵害的后果具有不可逆转性，即便事后弥补也无法减轻已造成的损害程度，更无法消除已产生的负面影响。基于此，《个保法》为防止新兴信息技术的滥用，降低个人图像信息的泄露风险，第二十六条对公共场所使用个人信息采集技术采取严格规定，首先，其技术应用范围仅为"安装图像采集个人身份识别设备"，以此限定个人信息采集手段；其次，必须符合维护公共安全之所需，以此限定信息处理目的；再次，必须显著标识其设备位置，以此强化知情同意原则，明确告知公众被纳入信息监控。可见，《个保法》在确定信息保护措施之时，同时权衡了信息价值特征与应用领域的现实情况。

二是适配主体类型差异。《个保法》专门区分未成年人与死者两类特殊主体的个人信息制定规制措施。首先，考虑到未成年人的人生观、价值观尚未成熟，缺乏自我保护意识，《个保法》第二十八条、第三十一条等条款以十四周岁为分界点，将不满十四周岁未成年人的个人信息归为敏感个人信息，信息处理者必须在取得未成年人监护人同意的前提下开展处理活动,并制定相应的处理规则;其次,考虑到维护死者人格尊严与遗留个人信息可能引发的后续问题,例如网络社交平台的账号及账号内容,《个保法》第四十九条规定,除去死者生前另有安排的,其近亲属为了自身合法、正当的利益,可以对死者的相关个人信息行使《个保法》所规定的查阅、复制、更正、删除等个人信息权利。值得一提的是,《个保法》限定死者近亲属只能在不违背死者遗愿、合法正当的利益需求下对死者信息行使权利,这一匹配人群特征设计个人信息保护规则的特殊规定,既兼顾了死者意志与近亲属的利益需求,又避免了死者信息及其使用权被滥用。

(二)落实监管措施

建设法治实施体系需要强化监管力量,全面推进个人信息保护需要落实监管措施。《个保法》阐明监管部门职能监管空间与个人信息处理者法律责任,为严格执法、公正司法全民守法提供法理支撑,通过科学立法维护个人信息法治秩序。

一是设立监管部门。在《个保法》正式施行之前,我国有关个人信息保护处于"九龙治水"之势,负有监管职责的部门包括中央网信办、公安部与工信部等,且各部门都有独立的监管规定,监管模式较难协调。基于此,《个保法》第六章特别明确了个人信息保护的监管模式及履行职责。首先,国家层面,我国采用国家网信部门统筹协调国务院有关部门;地方层面,地方人民政府履行个人信息保护职责的部门,在各自职责范围内负责个人信息保护和监督管理工作,《个保法》采用层层递进的保护体系,将有助于监管规定贯彻落实。其次,《个保法》不仅要求监管部门履行调查活动查阅内部相关资料、制定标准与政策的职责,还对监管部门提出测评应用程序等个人信息保护情况、公布测评结果的工作要求。这是考虑到近年应用程序泄露个人信息的情况愈演愈烈,评估工作能够督促程序运营商重视、落实并加强保护个人信息,形成行业自律与国家监督内外并行的监管体系。

二是划定监管空间。经济全球化的趋势使信息跨境提供逐渐常态化,有鉴于此,《个保法》配合国家网信部门的相关要求,专设第三章为个人信息跨境提供规则,维护国家信息安全公共利益与个人信息权利,积极参与国际信息安全治理,延伸法律效力范围，将境外纳入法律监管空间，具体呈现在以下几方面。首先，在个人信息跨境处理活动开展条件上，《个保法》第三十八条、第四十条要求跨境处理活动必须"通过国家网信部门组织的安全评估"按照国家网信部门的规定经专业机构进行个人信息保护认证等一系列审查评估规定，并要求个人信息境外接收方必须做到个人信息保护措施以《个保法》立法内容为标准；其次，在信息处理组织行为规范上，《个保法》第三十九条要求信息处理组织必须执行知情同意原则，即告知个人有关个人信息处理类别、信息处理活动的境外接收方基本信息、活动处理目的、程序与方式；最后，在惩罚措施上，《个保法》第四十二条明确对境外个人信息处理组织的规定，国家网信部门可以将不法组织列入限制或者禁止个人信息提供的清单，并予以公告，同时限制或者禁止向其提供个人信息。

三是规范监管举措。法治不仅要求完备的法律体系、完善的执法机制、普遍的法律遵守，更要求公平正义得到维护和实现。为威慑不法分子、遏制侵犯个人信息的社会乱象，《个保法》专设第七章法律责任，采取多元制裁手段提高违法成本，以彰显法律威严，实现法治公平正义。首先，为制裁违法行为，消除侥幸心理，《个保法》按照"罪刑法定"原则，第六十六条第一款明文规定惩罚类型、级别与对象等细则，对违反本法规定或未履行义务的个人或组织采取经济制裁，但同时设置金额上限，直接负责人员将面临一万元以上十万元以下罚款，拒不改正的，将处以一百万元以下的罚款；其次，为保证惩罚措施公平公正，做到罪行与责任相适应，《个保法》践行"罪刑相当"原则，第六十六条第二款按照违规处理个人信息行为的轻重程度，分级法律责任，包括责令改正、予以警告、没收违法所得、吊销营业执照等；最后，为全面落实责任主体，推进法治效能提升，《个保法》追求"刑法适用平等"原则，第六十八条针对国家机关及其工作人员提出责任规范，设置内部问责及惩戒制度，规定国家机关不履行个人信息保护义务的上级机关或者履行个人信息保护职责的部门将责令其改正，并要求有关个人信息保护职责部门的工作人员必须履行法律所规定的义务，尚不构成犯罪的，也将依法给予处分。

特别值得注意的是，为避免不法分子"上交罚金了事"，《个保法》第六十七条不仅把个人信息处理行为纳入信用考核范围，还将违规行为记入诚信档案并予以公示；第六十九条进一步指出，若处理个人信息侵害个人信息权益造成损害，而个人信息处理者不能证明自己没有过错的，不仅应当承担损害赔偿，亦需要承担侵权法律责任。

三、法治理念方面

涉外法治拓展和延伸国内法治的各个方面，对于国家的开放发展有着极为重要的作用。党的十九届五中全会提出要"加快构建国内国际双循环的新发展格局"，这预示着，个人信息保护需要综合考量个人信息安全、国家发展需要与国际形势变化，统筹开展国内与涉外法治建设工作，以同时保障并推动个人信息流动安全与域内域外交流合作。针对涉外法治，《个保法》积极响应国家主张，契合对外开放现实需要，统筹事业发展与国家安全，建章立制，衔接国际规则，确立对外主张。针对国内法治，《个保法》采取社会共治的个人信息保护治理模式，这些举措将促进个人信息跨界跨境活动有法可依，引导规范个人信息跨境流动秩序推动个人信息保护法治体系完善。

（一）对外强化适用法律效力

世界各国相互联系、相互依存度日益紧密，世界多极化、经济全球化、社会信息化、文化多样化深入发展。在此形势下，《个保法》衔接国际规则，确立对外主张，遵循对外开放平等互惠原则强化域外效力，从而积极参与个人信息保护国际法治建设，维护个人信息流动国际秩序，同时捍卫国家主权、安全与发展利益，保证海外企业与公民合法权益。

一是衔接国际规则。首先，为加强个人信息境外保护，与"霸权"主义产生鲜明对比，《个保法》采取包容与开放的态度对待个人信息保护国际规则。首先，为突破传统个人信息保护框架，坚持维护个人信息流动国际秩序积极参与个人信息保护国际决策，《个保法》第十二条提出"国家积极参与个人信息保护国际规则的制定，促进个人信息保护方面的国际交流与合作"；其次，为加强个人信息保护国际法治建设贡献力与个人信息保护国际规则创设力，促进各国个人信息保护条约适用，《个保法》倡导多边法治，主张各国法治互动融通，明确各国法律边界，提出要推动与其他国家地区、国际组织之间的个人信息保护规则、标准等互认，这一规定有力推动各国遵循各国条约履行国际义务，从而提升各国个人信息保护法治共识，避免各国管辖冲突，抑制不当延伸，促进个人信息保护国际法治体系构筑。

  二是确立对外主张。对外开放发展有赖于涉外立法支撑。纵使我国综合国力不断提升，我国在个人信息跨境处理活动国际舞台中的角色权重与影响力明显提升，但我国并未采取"长臂管辖"机制维护巩固国际地位，而是在立法上以互相尊重、互利共赢的基调迎接个人信息跨境合作，营造安全稳定与和谐的个人信息跨境秩序。在涉及个人信息司法与执法处理目的时，《个保法》第四十一条提出，中华人民共和国主管机关根据有关法律、缔结或者参加的国际条约协定，或按照平等互惠原则，处理外国司法与执法机构关于提供、存储于境内个人信息的请求。值得注意的是，《个保法》这一规定与《国际刑事司法协助法》《数据安全法》有关跨境执法司法活动规范的核心思想与行文逻辑一致，三部法律均贯彻平等互惠原则，充分体现《个保法》遵从国家对外基本主张，既协调配合其他法律涉外事务，又利用立法内容准确阐释国家意志。当然，对外开放亦要注重捍卫国家主权，以保障个人信息跨境处理活动有序性、公平性与规范性，营造良好国际环境，因而在面对他国不公正行为上，《个保法》第四十三条提出，若任何国家或地区在个人信息保护方面对我国采取歧视性的禁止限制或其他类似措施，我国可以根据实际对其对等采取措施。同时，由于《个保法》在第三条就已提出，不论境内外，涉及我国自然人个人信息的产品服务、行为评估与法律规定的活动，也适用《个保法》，因而以上两项规定均扩大我国个人信息司法救济覆盖面，有利于帮助引导我国公民、企业运用法律手段维护自身合法权益。

（二）对内构建社会共治格局

  个人信息处理活动参与主体来自各行各界，跨界与跨行合作、资源交换比比皆是，致使个人信息价值取向利益诉求多元，一系列经济活动极有可能拼接形成影响全社会的价值链，激发公众参与治理强烈意愿。而《个保法》注重社会力量参与个人信息保护治理，鼓励公众协同政府监管、多元交互，从构建社会共治格局与明确社会共治规则出发，提供制度保障，培育法治素养，权责规范平衡，引导公众有序参与个人信息保护治理。

一是夯实社会共治基础。要使社会共治持之以恒，先要为社会共治格局营造符合其运行规则的法治环境，培育符合公共意识的法治素养。首先，《个保法》有意营造开放、包容与融合的法治环境，例如，《个保法》第十一条提出"推动形成政府、企业、相关社会组织、公众共同参与个人信息保护的良好环境"，此条规定表明，《个保法》明确个人信息保护治理不是自上而下、单向控制，而是平行参与、共同承担，在制度上为社会参与个人信息保护治理提供硬保障，亦对构建社会共治法治环境起到统领作用，为个人信息保护法治建设吸收社会公众力量汇集多方智慧提供法律支持；其次，公众是参与社会共治的主要力量，然而，公众对个人信息保护的认识、态度与意识难免不尽相同，在公众并未对个人信息保护形成共识前，社会共治未必能使其达到理想效果，因此，为促进社会共治秩序井然、目标一致，有必要通过宣传教育调和公众观念，形成稳定、理性、有序的社会内部合作关系，应对这种较为复杂的情况，《个保法》第十一条提出要"加强个人信息保护宣传教育"，利用教育手段潜移默化地培育公众法治素养、坚定公众法治意识，同时，这亦有利于夯实公众个人信息保护专业能力，提升公众道德修养。

二是明确社会共治规则。没有无义务的权利，也没有无权利的义务。社会共治运行仍需"良法"约束，为其发展路径、行为规范提供指引。《个保法》虽然给予公众个人信息保护治理权限，开放个人信息处理资格，但同时利用"行政赋能"适度监督，明晰个人信息处理者权责范围，促进社会共治良性生长。首先，在权利配置上，《个保法》第五十一条第一款将任何自主决定处理目的、处理方式的组织和个人都视作个人信息处理者，并给予个人信息处理者合法、正当使用他人信息的权利，这为个人信息保护社会共治拓宽行业技术与市场视野；其次，在义务担负上，《个保法》第五十一条第二款要求个人信息处理者保护个人信息，做到"内部自律"，主要包括制定内部管理制度、应用保密技术、确定人员权限、事前影响评估、事后应急响应和定期合规审计等义务，这些较为具体的义务事项紧密贴合个人信息保护事件全程展开，保障措施的持续性、完整性与系统性。值得注意的是，《个保法》第五十八条区分出提供重要互联网平台服务、用户数量巨大、业务类型复杂的个人信息处理者，对其专门提出接受"外部监督"的特别义务。相对而言，此类个人信息处理者在社会公共空间的物质资源较为丰富、其决断在其参与个人信息保护社会共治、个人信息处理活动中的影响力不可忽视。因此，为促进社会共治组织结构均衡、治理结果公正，《个保法》第五十八条也同样提出要强化此类个人信息处理者外部监督与内部运营审查力度，其不仅要接受外部成员组成的独立机构与社会监督，还要定期发布个人信息保护社会责任报告，严重违法的将承担停止服务的后果。

参考文献

[1] 邵彦铭. 网络犯罪识别与防控 [M]. 北京：中国民主法制出版社，2018.

[2] 罗力. 新兴信息技术背景下我国个人信息安全保护体系研究 [M]. 上海：上海社会科学院出版社，智库论策，2020.

[3] 池建新. 个人信息保护政策的国际比较研究 [M]. 南京：东南大学出版社，2021.

[4] 个人信息保护课题组. 个人信息保护国际比较研究. 第2版 [M]. 北京：中国金融出版社，2021.

[5] 何渊. 个人信息保护法与日常生活 [M]. 上海：上海人民出版社，2021.

[6] 刘雅琦. 大数据环境下基于个别识别风险的个人信息利用研究 [M]. 武汉：武汉大学出版社，2021.

[7] 何明芮. 网络时代的信息安全知识 [M]. 北京：中国科学技术出版社，2017.

[8] 王秀秀. 大数据背景下个人数据保护立法理论服务业与服务贸易论丛 [M]. 杭州：浙江大学出版社，2018.

[9] 康海燕. 网络隐私保护与信息安全 [M]. 北京：北京邮电大学出版社，2016.

[10]（美）雪莉·大卫杜夫. 数据大泄漏隐私保护危机与数据安全机遇 [M]. 北京：机械工业出版社，2021.

[11] 党振兴. 大数据时代个人信息安全现状与保护 [J]. 重庆交通大学学报（社会科学版），2022，22（04）：14-22.

[12] 杜悦莹，张欣. 大数据时代公民个人信息保护的法律规制 [J]. 江苏商论，2022（05）：28-30+43.

[13] 刘行，胡影，高超，等. 基于个人信息保护标准的个人信息安全治理实践 [J]. 信息技术与标准化，2022（05）：167-172+178.

[14] 杨一帆. 法律在个人信息安全保护中的重要意义 [J]. 法制博览，2022（07）：54-56.

[15] 谷镇.大数据环境下个人信息安全问题研究[J].情报科学，2021，39（12）：93-97.

[16] 宋才发.《民法典》保护个人信息安全的法治保障[J].河北法学，2021，39（12）：2-15.

[17] 贾若男，王晰巍，范晓春.社交网络用户个人信息安全隐私保护行为影响因素研究[J].现代情报，2021，41（09）：105-114+143.

[18] 陈钧，孙民治.我国竞技篮球运动发展的回顾、反思与展望[J].首都体育学院学报，2021，33（02）：140-147.

[19] 王瑞娜.大数据环境下个人信息安全保护对策研究[J].漯河职业技术学院学报，2020，19（05）：29-31.

[20] 宋阳，张嵛，张志勇，等.物联网+大数据环境下个人信息安全防范与保护措施研究[J].情报科学，2020，38（07）：93-99.

[21] 徐律.我国个人信息收集制度研究[D].南昌：南昌大学，2018.

[22] 陈彦杰.我国个人信息安全立法研究[D].长沙：中南林业科技大学，2018.

[23] 刘云云.网购消费者个人信息保护制度研究[D].烟台：烟台大学，2018.

[24] 喻琳.网购中个人信息安全问题研究[D].武汉：华中师范大学，2012.

[25] 夏雨.大数据时代个人信息安全民事法律保护研究[D].西安：西北大学，2017.

[26] 卢晨.个人信息法律保护研究[D].济南：山东大学，2017.

[27] 王烁.大数据时代个人信息安全的法律保护[D].武汉：华中科技大学，2016.

[28] 金革.论网络环境下个人信息安全的民法保护[D].烟台：烟台大学，2016.

[29] 刘畅.大数据时代个人信息保护问题研究[D].大连：东北财经大学，2016.

[30] 龚璇.移动网络个人信息安全研究[D].武汉：华中科技大学，2013.